LTr®

DIREITO DO TRABALHO

NO STF

10

Dados Internacionais de Catalogação na Publicação (CIP)
(Câmara Brasileira do Livro, SP, Brasil)

Franco Filho, Georgenor de Sousa
Direito do trabalho no STF, 10 / Georgenor de Sousa Franco Filho. — São Paulo : LTr, 2007.

Bibliografia.
ISBN 978-85-361-1003-5

1. Direito do trabalho 2. Direito do trabalho — Brasil
3. Brasil. Supremo Tribunal Federal I. Título.

07-3325 CDU-34:331:347.991 (81)

Índice para catálogo sistemático:

1. Brasil : Direito do trabalho : Supremo Tribunal Federal 34:331:347.991 (81)

(Cód. 3461.9)

LTr

EDITORA LTDA.

Rua Apa, 165 — CEP 01201-904 — Fone (11) 3826-2788 — Fax (11) 3826-9180
São Paulo, SP — Brasil — www.ltr.com.br

Junho, 2007

GEORGENOR DE SOUSA FRANCO FILHO

Juiz Togado do Tribunal Regional do Trabalho da 8ª Região, Doutor em Direito pela Faculdade de Direito da Universidade de São Paulo, Professor Titular de Direito Internacional e de Direito do Trabalho da Universidade da Amazônia, Presidente da Academia Nacional de Direito do Trabalho, Membro da Academia Paraense de Letras, da Sociedade Brasileira de Direito Internacional e da International Law Association.

DIREITO DO TRABALHO NO STF

10

EDITORA LTr®
SÃO PAULO

PRINCIPAIS OBRAS DO AUTOR

De autoria exclusiva

Direito do Mar. Belém, Imprensa Oficial do Estado do Pará, 1974 (esgotado).

A proteção internacional aos direitos humanos. Belém, Imprensa Oficial do Estado do Pará, 1975 (esgotado).

O Pacto Amazônico: idéias e conceitos. Belém, Falângola, 1979 (esgotado).

Imunidade de jurisdição trabalhista dos entes de Direito Internacional Público (Prêmio "Oscar Saraiva" do Tribunal Superior do Trabalho). São Paulo, LTr, 1986 (esgotado).

Na vivência do Direito Internacional. Belém, Cejup, 1987.

Na Academia: imortal por destino. Mosaico cultural (em colaboração). Belém, Falângola, 1987.

Guia prático do trabalho doméstico. Belém, Cejup, 1989.

A arbitragem e os conflitos coletivos de trabalho no Brasil. São Paulo, LTr, 1990 (esgotado).

Liberdade sindical e direito de greve no direito comparado (lineamentos). São Paulo, LTr, 1992.

Relações de trabalho na Pan-Amazônia: a circulação de trabalhadores (Tese de Doutorado na Faculdade de Direito da Universidade de São Paulo). São Paulo, LTr, 1996.

A nova lei de arbitragem e as relações de trabalho. São Paulo, LTr, 1997.

Globalização & desemprego: mudanças nas relações de trabalho. São Paulo, LTr, 1998.

Direito do Trabalho no STF (1). São Paulo, LTr, 1998.

Competência Internacional da Justiça do Trabalho. São Paulo, LTr, 1998.

O servidor público e a reforma administrativa. São Paulo, LTr, 1998.

Direito do Trabalho no STF (2). São Paulo, LTr, 1999.

Tratados internacionais. São Paulo, LTr, 1999.

Direito do Trabalho no STF (3). São Paulo, LTr, 2000.

Globalização do trabalho: rua sem saída. São Paulo, LTr, 2001.

Direito do Trabalho no STF (4). São Paulo, LTr, 2001.

Direito do Trabalho no STF (5). São Paulo, LTr, 2002.

Direito do Trabalho no STF (6). São Paulo, LTr, 2003.

Direito do Trabalho no STF (7). São Paulo, LTr, 2004.

Ética, Direito & Justiça. São Paulo, LTr, 2004.

Direito do Trabalho no STF (8). São Paulo, LTr, 2005.

Direito do Trabalho no STF (9). São Paulo, LTr, 2006.

Trabalho na Amazônia: a questão dos migrantes. Belém, Unama, 2007.

Obras coordenadas

Direito do trabalho e a nova ordem constitucional. São Paulo, LTr, 1991.

Curso de direito coletivo do trabalho (Estudos em homenagem ao Ministro Orlando Teixeira da Costa). São Paulo, LTr, 1998.

Presente e futuro das relações de trabalho (Estudos em homenagem ao Prof. Roberto Araújo de Oliveira Santos). São Paulo, LTr, 2000.

*Direito e processo do trabalho em transformação (*em conjunto com os Ministros Ives Gandra da Silva Martins Filho e Maria Cristina Irigoyen Peduzzi e os Drs. Ney Prado e Simone Lahorgue Nunes). São Paulo, Campus/Elsevier, 2007.

Em co-autoria

Estudos de direito do trabalho (*homenagem ao Prof. Júlio Malhadas*) (Coordenação: Profª Anna Maria de Toledo Coelho). Curitiba, Juruá, 1992.

Processo do trabalho (homenagem ao Prof. José Augusto Rodrigues Pinto) (Coordenação: Dr. Rodolfo Pamplona Filho). São Paulo, LTr, 1997 .

Estudos de direito do trabalho e processo do trabalho (homenagem ao Prof. J. L. Ferreira Prunes) (Coordenação: Drs. Juraci Galvão Júnior e Gelson de Azevedo). São Paulo, LTr, 1998.

Manual de direito do trabalho (*homenagem ao Prof. Cássio Mesquita Barros Júnior*) (Coordenação: Dr. Bento Herculano Duarte Neto). São Paulo, LTr, 1998.

Direito internacional no Terceiro Milênio (*homenagem ao Prof. Vicente Marotta Rangel*) (Coordenação: Profs. Luiz Olavo Baptista e J. R. Franco da Fonseca). São Paulo, LTr, 1998.

Direito do Trabalho (*homenagem ao Prof. Luiz de Pinho Pedreira da Silva*) (Coordenação: Drs. Lélia Guimarães Carvalho Ribeiro e Rodolfo Pamplona Filho). São Paulo, LTr, 1998.

Estudos de Direito (*homenagem ao Prof. Washington Luiz da Trindade*) (Coordenação: Drs. Antônio Carlos de Oliveira e Rodolfo Pamplona Filho). São Paulo, LTr, 1998.

Direito sindical brasileiro (*homenagem ao Prof. Arion Sayão Romita*) (Coordenação: Dr. Ney Prado). São Paulo, LTr, 1998.

Ordem econômica e social (homenagem ao Prof. Ary Brandão de Oliveira) (Coordenação: Dr. Fernando Facury Scaff). São Paulo, LTr, 1999.

Fundamentos do direito do trabalho (homenagem ao Ministro Milton de Moura França) (Coordenação: Drs. Francisco Alberto da Motta Peixoto Giordani, Melchíades Rodrigues Martins e Tárcio José Vidotti). São Paulo, LTr, 2000.

Temas relevantes de direito material e processual do trabalho (homenagem ao Prof. Pedro Paulo Teixeira Manus) (Coordenação: Drs. Carla Teresa Martins Romar e Otávio Augusto Reis de Sousa). São Paulo, LTr, 2000.

Os novos paradigmas do Direito do Trabalho (homenagem ao Prof. Valentin Carrion) (Coordenação: Drª Rita Maria Silvestre e Prof. Amauri Mascaro Nascimento). São Paulo, Saraiva, 2001.

O direito do trabalho na sociedade contemporânea (Coordenação: Dras. Yone Frediani e Jane Granzoto Torres da Silva). São Paulo, Jurídica Brasileira, 2001.

Estudos de direito constitucional (homenagem ao Prof. Paulo Bonavides) (Coordenação: Dr. José Ronald Cavalcante Soares). São Paulo, LTr, 2001.

O direito do trabalho na sociedade contemporânea (II) (Coordenação: Profa. Yone Frediani). São Paulo, Jurídica Brasileira, 2003.

Constitucionalismo social (homenagem ao Ministro Marco Aurélio Mendes de Farias Mello) (Coordenação: EMATRA-2ª). São Paulo, LTr, 2003.

Recursos trabalhistas (homenagem ao Ministro Vantuil Abdala) (Coordenação: Drs. Armando Casimiro Costa e Irany Ferrari). São Paulo, LTr, 2003.

PREFÁCIOS

Limites do jus variandi do empregador, da Profª Simone Crüxen Gonçalves, do Rio Grande do Sul (São Paulo, LTr, 1997)

Poderes do juiz do trabalho: direção e protecionismo processual, do Juiz do Trabalho da 21ª Região Bento Herculano Duarte Neto, do Rio Grande do Norte (São Paulo, LTr, 1999)

Direito Sindical, do Procurador do Trabalho José Cláudio Monteiro de Brito Filho, do Pará (São Paulo, LTr, 2000)

As convenções da OIT e o Mercosul, do Professor Marcelo Kümmel, do Rio Grande do Sul (São Paulo, LTr, 2001)

O direito à educação e as Constituições brasileiras, da Professora Eliana de Souza Franco Teixeira, do Pará (Belém, Grapel, 2001)

Energia elétrica: suspensão de fornecimento, dos Professores Raul Luiz Ferraz Filho e Maria do Socorro Patello de Moraes, do Pará (São Paulo, LTr, 2002)

Discriminação no trabalho, do Procurador do Trabalho José Cláudio Monteiro de Brito Filho, do Pará (São Paulo, LTr, 2002)

Discriminação estética e contrato de trabalho, da Professora Christiane Marques, de São Paulo (São Paulo, LTr, 2002)

O poeta e seu canto, do Professor Clóvis Silva de Moraes Rego, ex-Governador do Estado do Pará (Belém, 2003)

O direito ao trabalho da pessoa portadora de deficiência e o princípio constitucional da igualdade, do Juiz do Trabalho da 11ª Região Sandro Nahmias Mello, do Amazonas (São Paulo, LTr, 2004)

A prova ilícita no processo do trabalho, do Juiz Togado do TRT da 8ª Região Luiz José de Jesus Ribeiro, do Pará (São Paulo, LTr, 2004)

Licença-maternidade à mãe adotante: aspectos constitucionais, do Juíza Togada do TRT da 2ª Região e Professora Yone Frediani, de São Paulo (São Paulo, LTr, 2004)

Ventos mergulhantes, do poeta paraense Romeu Ferreira dos Santos Neto (Belém, Pakatatu, 2007)

Melhor é o fim das coisas do que o princípio;
melhor é o paciente do que o arrogante.
(Eclesiastes, 7:8)

A ELZA,
meu esteio.
A CAROLINA e GEORGENOR NETO,
agora em São Paulo, nas suas pós-graduações,
com a minha esperança e o meu amor.

SUMÁRIO

INTRODUÇÃO 15

PARTE I — DIREITOS INDIVIDUAIS

1. Adicional de insalubridade. Base de cálculo 19
2. Aposentadoria espontânea. Não extinção do contrato de trabalho 23
3. Dano moral. Fixação de *quantum*. Matéria infraconstitucional 32
4. Estabilidade 35
5. Gratificação pós-férias. Compensação 39
6. Trabalho forçado 40

PARTE II — DIREITOS COLETIVOS

1. ADIn. Normas coletivas. Inconstitucionalidade de lei estadual 59
2. Contribuição assistencial patronal. Competência da Justiça do Trabalho. Emenda n. 45 60
3. Dirigente sindical. Estabilidade provisória 64
4. Estabilidade sindical. Desnecessidade de registro no Ministério do Trabalho 68
5. Greve. Servidor público. Competência da Justiça Estadual 69
6. Poder normativo. Limites. Cláusulas exorbitantes 71
7. Substituição processual. Alcance do art. 8º, III, da CR/88 75
8. Unicidade Sindical 76

PARTE III — DIREITO PROCESSUAL

1. Acesso à Justiça. Gratuidade 89
2. Assinatura digitalizada. Inviabilidade 90
3. Competência 92
4. Justiça gratuita. Pessoa jurídica 102

5. Ministério Público do Trabalho. Ação coletiva. Propositura. Legitimidade 103
6. Organização internacional. Imunidade de execução. Execução suspensa 104
7. Prescrição 108
8. Sucessão trabalhista. Matéria infraconstitucional 110

PARTE IV — SERVIÇO PÚBLICO
1. Conselho Nacional de Justiça. EC n. 45 115
2. Magistrado 118
3. Ministério Público. Filiação partidária 139
4. Mudança de regime. Remuneração 140
5. Ordem dos Advogados. Constitucionalidade de seu estatuto. Caráter jurídico da entidade 141
6. Promoção por merecimento. Critérios 146
7. Servidor público 151
8. Sociedade de economia mista. Normas administrativas .. 163

PARTE V — PREVIDÊNCIA SOCIAL
1. Aposentadoria. Servidor de Embaixada do Brasil no exterior 167

PARTE VI — OUTROS TEMAS
1. Limites ao poder de tributar 171
2. Meio ambiente 182
3. União homo-afetiva. ADIn 186

ÍNDICES
ÍNDICE GERAL 197
ÍNDICE DOS JULGADOS PUBLICADOS NA COLETÂNEA ... 200
ÍNDICE DOS MINISTROS DO STF PROLATORES DOS JULGADOS CITADOS 213
ÍNDICE TEMÁTICO 215

INTRODUÇÃO

Uma década está sendo completada com este volume X. Iniciada em 1998, de lá para cá mais de quinhentos julgados da Suprema Corte brasileira foram selecionados, comentados e publicados. Representam o entendimento do Excelso Pretório sobre os pontos mais controvertidos do Direito do Trabalho e de disciplinas correlatas, e de outras temas diversos e de interesse geral.

Do *Direito do Trabalho no STF*, volume I, a este, várias alterações, com vistas a seu aperfeiçoamento enquanto fonte de informação foram feitas. Ampliou-se o temário, adotou-se índices específicos para facilitar a pesquisa, fez-se remissão aos volumes anteriores a fim de demonstrar a evolução jurisprudencial.

À confiança que me atribuíram os dirigentes da LTr Editora, cuidadosamente dirigida pelo meu dileto amigo e confrade da Academia Nacional de Direito do Trabalho, Dr. Armando Casimiro Costa, espero não estar fugindo. Almejo que outros números possam vir, e que os estudiosos e pesquisadores do Direito do Trabalho continuem a ter neste *Direito do Trabalho no STF* uma fonte de consulta atual e de qualidade.

Neste volume, aproximadamente meia centena de julgados estão transcritos, boa parte deles referindo ao alcance da Emenda Constitucional n. 45, de 2004, que ampliou, em parte, a competência da Justiça do Trabalho, e refletindo o entendimento do STF sobre esse importante aspecto.

Desejo reiterar meu agradecimento do Dr. Lineo Ferreira de Mello, meu assistente no TRT da 8ª Região, pela colaboração que tem prestado.

Por fim, rendo minha maior e mais querida homenagem ao meu mundo familiar, minha mulher, Elza, companheira de tantos anos, e meus filhos, Carolina e Georgenor Neto, ambos, agora, fazendo pós-graduação *stricto sensu* na minha (nossa) grande, querida e sempre amada São Paulo.

Belém, março.2007.

Georgenor de Sousa Franco Filho

PARTE I

DIREITOS INDIVIDUAIS

1. ADICIONAL DE INSALUBRIDADE. BASE DE CÁLCULO[1]

Continua polêmico esse tema. As decisões da Suprema Corte continuam variando, ora pela vinculação ao salário mínimo, ora afastando essa possibilidade. A decisão a seguir, proferida, a 16.2.2006, no AI n. 579.311-0-PR, pelo Min. Sepúlveda Pertence, afasta a vinculação. Tem o seguinte teor:

"Trata-se de reclamação trabalhista julgada parcialmente procedente para reconhecer à reclamante, dentre outras verbas rescisórias, o direito à adicional de insalubridade fixado sobre o salário-hora (f. 97).

Ante a sucumbência recíproca, as partes interpuseram recurso ordinário, sendo o recurso da reclamante provido parcialmente e o da reclamada negado.

Posteriormente, a reclamada opôs embargos declaratórios, providos parcialmente para sanar determinada omissão. Daí, a reclamada apresentou recurso de revista insurgindo-se contra a parte do julgado que lhe permanecia desfavorável.

Ao apreciar a revista, proferiu o Tribunal Superior do Trabalho julgado com a seguinte ementa (f. 219):

'ITAIPU BINACIONAL. PROTOCOLO DE ITAIPU. ADICIONAL DE INSALUBRIDADE

O artigo 4º do Decreto n. 74.431/74 constituiu norma meramente programática, pois sua aplicação depende de regulamentação futura. Entretanto, a ausência de norma regulamentadora não retira do empregado o direito ao adicional de insalubridade, que é instituído por Lei — artigo 189 da CLT — e garantido pela Constituição Federal — artigo 7º, inciso XXIII.

Uma vez inexistente o Acordo Complementar a que alude o artigo 4º do referido Decreto, permanecem aplicáveis as normas da CLT que estabelecem o salário mínimo como base de cálculo do adicional de insalubridade.

[1] V., nesta coletânea, v. 2, p. 15, v. 3, p. 13, v. 4, p. 13, v. 6, p. 18 e v. 7, p. 17.

Recurso de revista parcialmente conhecido e parcialmente provido.'

Deste, a reclamada opôs novos declaratórios, que foram acolhidos apenas para prestar esclarecimentos.

Após, ambos os litigantes opuseram Embargos à Subseção I Especializada em Dissídios Individuais do Tribunal Superior do Trabalho, que, ao apreciá-los, assentou (f. 280):

'I — EMBARGOS DO RECLAMANTE. ADICIONAL DE INSALUBRIDADE. BASE DE CÁLCULO. VINCULAÇÃO AO SALÁRIO MÍNIMO. Ausência de prequestionamento da matéria suscitada nos Embargos. Preclusão. Incidência da Súmula n. 297/TST.

II — EMBARGOS DA RECLAMADA. NULIDADE DO ACÓRDÃO DOS EMBARGOS DE DECLARAÇÃO POR NEGATIVA DE PRESTAÇÃO JURISDICIONAL. A matéria foi apreciada e fundamentada pela Turma quando da análise dos Embargos Declaratórios, não se configurando a negativa de prestação jurisdicional suscitada.

PLANO CONTINGENCIAL DE DEMISSÃO INCENTIVADA. EXTINÇÃO DO PROCESSO SEM JULGAMENTO DO MÉRITO. Não se constata violação dos preceitos de lei invocados capazes de ensejar o conhecimento do recurso, porque a adesão a Programa de Demissão Voluntária não impede que a Reclamante postule judicialmente parcelas que não tenham relação com a rescisão do contrato de trabalho. Aplicação da OJ n. 270 da SDI-1.

COMPENSAÇÃO. A Corte adota entendimento, consubstanciado na Orientação Jurisprudencial n. 37 da SDI, pelo qual 'não ofende o art. 896 da CLT, decisão de Turma que, examinando premissas concretas de especificidade da divergência colacionada no apelo revisional, conclui pelo conhecimento ou desconhecimento do recurso.' Recurso de Embargos não conhecido."

Daí, foram opostos embargos de declaração pela reclamante, rejeitados (f. 289):

'EMBARGOS DECLARATÓRIOS. OMISSÃO. VÍCIO NÃO CARACTERIZADO. A jurisprudência assente na Corte adota entendimento pelo qual 'diz-se prequestionada a matéria ou questão quando na decisão impugnada haja sido adotada, explicitamente, tese a respeito' (Súmula n. 297, 1). No caso do

processo, o tema jurídico controvertido, suscitado nos Embargos, envolve a vedação de vinculação do salário mínimo, por força do artigo 7º, inciso VI, da CF/88, e sobre este tema a decisão impugnada não adotou explicitamente, tese a respeito limitando-se a aferir que deveria ser considerado o salário mínimo, não implicando, com isso, que a questão envolve a aplicação do artigo 7º, inciso IV, da CF/88. Embargos Declaratórios rejeitados."

Diante disso, a reclamante interpôs RE, a, pelo qual se alega violação dos artigos 5º, XXXV e LIV, 7º, IV e XXIII, e 93, IX, da Constituição Federal.

Inadmitido o referido extraordinário, adveio o presente agravo.

Decido.

Não há falar em negativa de prestação jurisdicional ou inexistência de motivação do acórdão recorrido. A jurisdição foi prestada, no caso, mediante decisão suficientemente motivada, não obstante contrária à pretensão da recorrente, tendo o Tribunal a quo, como se observa do acórdão proferido, justificado suas razões de decidir: 'o que a Constituição exige, no preceito invocado, é que a decisão seja fundamentada, não, que a fundamentação seja correta: declinadas no julgado as razões do decisum, está satisfeita a exigência constitucional." (RE 140.370, ***Pertence****, RTJ 150/269).*

No entanto, quanto ao mérito, tem razão a recorrente. Muito embora tenha afirmado o TST que não houve prequestionamento do debate acerca da adoção do salário mínimo como base de cálculo para o adicional de insalubridade, constata-se que a sucumbência da reclamante, neste ponto, surgiu quando do julgamento do recurso de revista, o que fez dos Embargos à SBDI e dos posteriores declaratórios as únicas oportunidades para suscitar a controvérsia.

Dessa forma, verifico que o Tribunal a quo *contrariou o entendimento do STF de que ofende o artigo 7º, IV, da Constituição Federal, a vinculação do adicional de insalubridade ao valor do salário mínimo,* v. g., *AI 233.271-AgR, 21.09.1999, 1ª T.,* ***Pertence;*** *RREE 208.684, 26.3.1999, 1ª T.,* ***Moreira****; 271.752-AgR-ED, 20.02.2000, 2ª T,* ***Jobim****; e 236.396, 2.10.1998, 1ª T.,* ***Pertence****, este último com a seguinte ementa:*

'Adicional de insalubridade: vinculação ao salário mínimo, estabelecida pelas instâncias ordinárias, que contraria o disposto no art. 7º, IV, da Constituição.'

Na linha dos precedentes e nos termos dos §§ 3º e 4º, do artigo 544, do C.Pr.Civil, provejo o agravo, que converto em recurso extraordinário e, desde logo, com base no § 1º-A, do artigo 557, do C.Pr.Civil, dou provimento a este, para reformar o acórdão recorrido na parte em que fixou o salário mínimo como base de cálculo do adicional de insalubridade e determino o retorno do feito ao TST, a fim de ser fixada outra base de cálculo para o adicional de insalubridade."[2]

[2] AI 579.311-0-PR, de 16.2.2006 (Eli Schindler *vs.* Itaipu Binacional). Rel.: Min. Sepúlveda Pertence (DJ n. 43, Seção 1, de 3.3.2006, pp.112-3). No mesmo sentido: AG.REG.NO RE 475.556-4-ES, de 15.5.2006 (Companhia do Vale do Rio Doce *vs.* Itamar da Silva). Rel.: Min. Sepúlveda Pertence. (DJ n. 100, Seção 1, de 26.5.2006, p. 56; AG.REG. NO RE 443.135-1-RS, de 28.3.2006 (Susana Cardoso Marchiori *vs.* Universidade Federal de Santa Maria). Rel. Min. Eros Grau (DJ n. 85, Seção 1, de 5.5.2006, p. 38). Em sentido contrário: RE 435.760-7-PR, de 21.2.2006 (Rogério Gomes *vs.* Município de Ponta Grossa). Rel.: Min. Ellen Gracie. (Informativo n. 420, de 29.3.2006, p. 3)

2. APOSENTADORIA ESPONTÂNEA. NÃO EXTINÇÃO DO CONTRATO DE TRABALHO[3]

A matéria está sólida no entendimento da Suprema Corte: a aposentadoria voluntária não extingui contrato de trabalho. Assim ficou decidido no julgamento da ADIn 1721-3-DF, a 11.10.2006, relatada pelo Min. Carlos Britto. O voto do Relator tem o seguinte teor:

"RELATÓRIO

O Partido dos Trabalhadores (PT), o Partido Democrático Trabalhista(PDT) e o Partido Comunista do Brasil (PC do B) manejam a presente ação direta de inconstitucionalidade, tendo por alvo o art. 3º da MP n. 1.596-14/97, que adicionou ao art. 453 da Consolidação das Leis do Trabalho um segundo parágrafo.

2. O dispositivo agora posto sob censura tem a seguinte dicção:

'Art. 3º. Os arts. ... 453, ... da Consolidação das Leis do Trabalho — Decreto-Lei n. 5.452, de 1º de maio de 1943, passam a vigorar com a seguinte redação:

Art. 453...

§ 2º O ato de concessão de benefício de aposentadoria a empregado que não tiver completado 35 anos de serviço, se homem, ou trinta, se mulher, ***importa em extinção do vínculo empregatício****'.*

3. De saída, anoto que a referida medida provisória foi convertida na Lei n. 9.528/97, razão por que houve pedido de aditamento da inicial (fls. 37/44).

4. Quanto ao mérito do pedido, os autores sustentam que o diploma sob censura aporta 'mais uma modalidade de extinção do contrato de trabalho e estabelece uma verdadeira incompatibilidade entre o benefício previdenciário e a continui-

---

[3] V. nesta coletânea, v. 2, p. 31, v. 7, p. 22, v. 9, pp. 137 e 142.

dade do vínculo de emprego, em total desarmonia com o Texto Maior". Aduzem que a Medida Provisória n. 1.596-14/97 ofende, a um só tempo, os artigos 5º, 6º, 7º, 173, 195, 202, todos da Constituição Federal, bem como o artigo 10 do Ato das Disposições Constitucionais Transitórias.

5. Pois bem, na Sessão Plenária de 19.12.97, este Supremo Tribunal deferiu o provimento cautelar que fora requerido na inicial e suspendeu a eficácia do § 2º do art. 453 da Consolidação das Leis do Trabalho.

6. Prossigo nessa tarefa de delimitar os contornos fático-jurídicos da causa para averbar que o Congresso Nacional prestou as informações de estilo, por meio das quais pugnou pelo reconhecimento da higidez constitucional do ato legislativo (57/72). No que foi acompanhado pelo Presidente da República.

7. De se ver que as informações prestadas pelo Chefe do Executivo Federal estão em que: a) a conversão da medida provisória em lei teria prejudicado qualquer discussão jurídica a respeito da ausência dos pressupostos constitucionais da urgência e da relevância; b) o conceito de aposentadoria sempre esteve adstrito à extinção do contrato de trabalho; c) o § 2º do art. 453 da CLT não constitui óbice a que o empregado continue trabalhando, desde que o liame empregatício seja novamente constituído; d) o debate travado nestes autos desembocaria numa inversão lógica, dado que a extinção do pacto de trabalho é condição para a aposentadoria do trabalhador.

8. De sua parte, o douto Advogado-Geral da União se manifestou pela improcedência do pedido (fls. 160/172). Convergentemente, o digno Procurador-Geral da República opinou pela declaração de constitucionalidade do dispositivo objeto da presente ação.

É o relatório."

VOTO

O SENHOR MINISTRO CARLOS AYRES BRITTO (Relator)

"Reconheço, de pronto, a legitimidade dos autores, por se tratar de agremiações políticas de notória participação no atual quadro atual dos parlamentares federais. O que faz incidir a regra habilitadora do inciso VIII do art. 103 do Magno Texto de 1988, tida por esta nossa Casa de Justiça como de universal aptidão processual dos partidos políticos para a propositura de ação direta de inconstitucionalidade.

11. Noutro giro, manifesto minha adesão ao que decidido na ADI 3.289, no sentido de que a conversão de medida provisória em lei prejudica o debate jurisdicional sobre o atendimento dos pressupostos de admissibilidade desse espécime de ato da ordem legislativa. Ao fazê-lo, ajunto que o instituto da medida provisória faz parte do "processo legislativo" (inciso V do art. 60 da Lei Republicana); e como em tudo o mais que faz parte do processo legislativo federal, quem dá a última palavra é o Congresso Nacional. Seja para dizer quando uma proposta de ato legislativo se faz oportuna e/ou conveniente, seja para dizer quando o conteúdo de tal proposta atende aos interesses e valores da sociedade.

12. Em palavras outras, a conversão de medida provisória em lei significa uma absorção de conteúdo: o conteúdo daquela específica medida provisória que, ao ver do Congresso Nacional, é dotada de mérito suficiente para se tornar o conteúdo de uma nova lei. Mas uma absorção de conteúdo que já pressupõe um juízo afirmativo quanto à conveniência e/ou oportunidade do que restou, afinal, aprovado. E é nesse juízo preliminar de conveniência e/ou oportunidade que se dá a própria absorção do originário juízo de urgência e relevância com que trabalhou o Presidente da República.

13. É claro que o exame parlamentar quanto ao mérito de uma dada medida provisória pode até não se dar. Basta que os fatos a ela subjacentes não sejam reputados como de urgência e relevância (não uma coisa ou outra, alternativamente, mas uma coisa e outra, concomitantemente). A questão preliminar a impedir a análise da questão de fundo, a teor do § 5º do art. 62 da Constituição. Mas aprovada que seja a medida quanto ao seu conteúdo, aí o que já se tem é um referendo que tudo incorpora: questão preliminar de urgência e relevância e mais o inteiro mérito do ato referendado[4]. Pelo que já não cabe sindicar, na presente ADIN, a constitucionalidade dos pressupostos de edição de u'a medida provisória já convertida em lei formal do Congresso Nacional.

14. Debruço-me, agora, sobre a questão de fundo. Fazendo-o, entendo que a Constituição de 1988 substituiu a garantia

---

[4] A não ser — de logo esclareço — na hipótese descrita pelo § 10 do art. 62 da Magna Carta Federal, proibitiva da 'reedição, na mesma sessão legislativa, de medida provisória que tenha sido rejeitada ou que tenha perdido sua eficácia por decurso de prazo'.

"absoluta" do emprego (a estabilidade decenal de que trata o art. 492 da CLT) por outras modalidades de proteção: ***a)*** *aquela que se viabiliza pelas hipóteses listadas em lei complementar;* ***b)*** *a que se dá pela majoração do custo das despedidas sem outra causa que não seja a vontade unilateral do empregador.*

Confira-se:

'Art. 7º...

I — relação de emprego protegida contra despedida arbitrária ou sem justa causa, nos termos de lei complementar, que preverá indenização compensatória, dentre outros direitos;

(...)'

15. De se notar, então, que a Magna Carta Federal outorgou à lei complementar duas específicas funções: ***a)*** *a de instituir as hipóteses em que não pode ocorrer despedida arbitrária ou sem justa causa;* ***b)*** *a de fixar, "entre outros direitos", os parâmetros de indenização compensatória aos trabalhadores que vierem a ser despedidos, exatamente, sem justa causa ou pelo exclusivo arbítrio do seu empregador.*

16. Isso não obstante, a própria Lei Maior, sem esperar pela edição da sobredita lei complementar, avançou algumas regras de proteção do trabalhador empregado, de sorte a lançar algumas hipóteses proibitivas da demissão arbitrária ou sem justa causa. Demais disso, também limitou o quantum da indenização compensatória a quatro vezes o valor da percentagem a que se refere o § 1º e o caput *do art. 6º da Lei n. 5.107, de 13 de setembro de 1966*[5]*. Tudo de acordo com os seguintes dispositivos:*

'Art. 8º É livre a associação profissional ou sindical, observado o seguinte:

(...)

VIII — é vedada a dispensa do empregado sindicalizado a partir do registro da candidatura a cargo de direção ou representação sindical e, se eleito, ainda que suplente, até um ano após o final do mandato, salvo se cometer falta grave nos termos da lei.

(...)'

---

[5] *A Lei n. 5.107/66 foi revogada pela Lei n. 7.839/89 que, a seu turno, restou igualmente revogada pela Lei n. 8.036/90.*

'Art. 10 do ADCT — Até que seja promulgada a lei complementar a que se refere o art. 7º, I, da Constituição:

I — fica limitada a proteção nele referida ao aumento, para quatro vezes, da porcentagem prevista no art. 6º, caput *e § 1º, da Lei n. 5.107, de 13 de setembro de 1966;*

II — fica vedada a dispensa arbitrária ou sem justa causa:

a) do empregado eleito para cargo de direção de comissões internas de prevenção de acidentes, desde o registro de sua candidatura até um ano após o final de seu mandato;

b) da empregada gestante, desde a confirmação da gravidez até cinco meses após o parto.

(...)'

17. Nesse fluxo de idéias, e mesmo sem a edição da lei complementar a que alude o inciso I do art. 7º da Constituição, impõe-se reconhecer que ela — Constituição —, emprestou uma especial proteção à continuidade das relações empregatícias das quais façam parte:

***I** — os empregados sindicalizados, a partir do registro da candidatura a cargo de direção ou representação sindical, e, se eleitos, ainda que suplentes, até um ano após o final do mandato (inciso VIII do art. 8º);*

***II** — os empregados eleitos para o cargo de direção de comissões internas de prevenção de acidente, desde o registro de sua candidatura até um ano após o final de seu mandato (alínea 'a' do inciso II do art. 10 do ADCT);*

***III** — as empregadas gestantes, desde a confirmação da gravidez até cinco meses após o parto (alínea 'b' do inciso II do art. 10 do ADCT).*

18. Fixadas essas premissas, é de se inferir que somente as três referidas classes de obreiros é que desfrutam da chamada 'estabilidade constitucional relativa'. Proteção passível de reforço, claro, quando da edição da lei complementar requestada pelo inciso I do art. 7º da própria Constituição Federal.

19. Sucede que o novidadeiro § 2º do art. 453 da CLT, objeto da presente ADI, instituiu uma outra modalidade de extinção do vínculo de emprego. E o fez inteiramente à margem do cometimento de falta grave pelo empregado e até mesmo da vontade do empregador. Pois o fato é que o ato em si da concessão da aposentadoria voluntária a empregado passou a implicar ***automática extinção da relação laboral*** *(empregado, é certo, 'que não tiver completado trinta e cinco anos, se homem , ou trinta, se mulher (...)' (inciso I do § 7º do art. 201 da CF).*

20. Ora bem, a Constituição versa a aposentadoria do trabalhador como um benefício. Não como um malefício. E se tal aposentadoria se dá por efeito do exercício regular de um direito (aqui se cuida de aposentadoria voluntária), é claro que esse regular exercício de um direito não é de colocar o seu titular numa situação jurídico-passiva de efeitos ainda mais drásticos do que aqueles que resultariam do cometimento de uma falta grave. Explico. Se um empregado comete falta grave, assujeita-se, lógico, a perder o seu emprego. Mas essa causa legal de ruptura do vínculo empregatício não opera automaticamente. É preciso que o empregador, no uso de sua autonomia de vontade, faça incidir o comando da lei. Pois o certo é que não se pode recusar a ele, empregador, a faculdade de perdoar seu empregado faltoso.

21. Não é isto, porém, o que se contém no dispositivo legal agora adversado. Ele determina o fim, o instantâneo desfazimento da relação laboral, pelo exclusivo fato da opção do empregado por um tipo de aposentadoria (a voluntária) que lhe é juridicamente franqueada. Desconsiderando, com isso, a própria e eventual vontade do empregador de permanecer com o seu empregado. E também desatento para o fato de que o direito à aposentadoria previdenciária, uma vez objetivamente constituído, se dá no âmago de uma relação jurídica entre o "segurado" do Sistema Geral de Previdência e o Instituto Nacional de Seguridade Social. Às expensas, portanto, de um sistema atuarial-financeiro que é gerido por esse Instituto mesmo. Não às custas desse ou daquele empregador. O que já significa dizer que o financiamento ou a cobertura financeira do benefício da aposentadoria passa a se desenvolver do lado de fora da própria relação empregatícia, pois apanha o obreiro já na singular condição de titular de um direito à aposentadoria, e não propriamente de assalariado de quem quer que seja. Revelando-se equivocada, assim penso, a premissa de que a extinção do pacto de trabalho é a própria condição empírica para o desfrute da aposentadoria voluntária pelo Sistema Geral de Previdência Social. Condição empírica, isto sim, é o concurso da idade de nascimento do segurado com um certo tempo de contribuição pecuniária (incisos I e II do § 7º do art. 201 da CF). Quero dizer: a relação previdenciária até que principia com relação de emprego, sem dúvida (caso dos autos). Mas a relação de aposentadoria, uma vez aperfeiçoada, se autonomiza perante aquela. Ganha vida própria e se plenifica na esfera jurídica do 'segurado' perante o sistema previdenciário em si.

*22. Nada impede, óbvio, que, **uma vez concedida a aposentadoria voluntária**, possa o trabalhador ser demitido. Mas acontece que, em tal circunstância, deverá o patrão arcar com todos os efeitos legais e patrimoniais que são próprios da extinção de um contrato de trabalho sem justa motivação. Obrigação patronal, essa, que se faz presente **até mesmo na hipótese em que a aposentadoria do empregado é requerida pelo seu empregador**. Note-se:*

'Lei n. 8.213/91, que dispõe sobre os Planos de Benefícios da Previdência Social.

*Art. 51. A aposentadoria por idade pode ser requerida pela empresa, desde que o segurado empregado tenha cumprido o período de carência e completado 70 (setenta) anos de idade, se do sexo masculino, ou 65 (sessenta e cinco) anos, se do sexo feminino, **sendo compulsória, caso em que será garantida ao empregado a indenização prevista na legislação trabalhista, considerada como data da rescisão do contrato de trabalho a imediatamente anterior à do início da aposentadoria**'.*

(Sem marcação no original)

*23. Não enxergo, portanto, fundamentação jurídica para deduzir que a concessão da aposentadoria voluntária ao trabalhador deva extinguir, instantânea e automaticamente, a relação empregatícia. Quanto mais que os '**valores sociais do trabalho**' se põem como um dos explícitos fundamentos da República Federativa do Brasil (inciso IV do art. 1º). Também assim, base e princípio da 'Ordem Econômica', voltada a 'asse-*

gurar a todos existência digna, conforme os ditames da justiça social (...)"' (art. 170 da CF), e a 'busca do pleno emprego' (inciso VIII). Sem falar que o primado do trabalho é categorizado como 'base' de toda a ordem social, a teor do seguinte dispositivo constitucional:

'Art. 193. A ordem social tem como base o primado do trabalho, e como objetivo o bem-estar e a justiça sociais.'

24. Daí o seguinte magistério de Maurício Godinho Delgado, citando José Afonso da Silva[6]*:*

'(...)

Finalmente, na leitura de todos esses dispositivos há que se considerar o estuário cultural e normativo característico de toda a Constituição, em que se demarcam o primado conferido ao trabalho e as inúmeras garantias deferidas a seu titular. Como bem apontado pelo constitucionalista José Afonso da Silva, o direito ao trabalho '... ressai do conjunto de normas da Constituição sobre o trabalho'. É que, para a Constituição, a República Federativa do Brasil tem como seus fundamentos, entre outros, os valores sociais do trabalho (art. 1º, IV); a ordem econômica também se funda na valorização do trabalho (art. 170), ao passo que a ordem social tem como base o primado do trabalho (art. 193). Tudo isso, inevitavelmente, conduziria ao necessário reconhecimento do '... direito social ao trabalho, como condição da efetividade da existência digna (fim da ordem econômica) e, pois, da dignidade da pessoa humana, fundamento, também, da República Federativa do Brasil (art. 1º, III)'.

25. Nessa ampla moldura, deduzo que uma proposição em contrário levaria à perpetração de muito mais desrespeito à Constituição do que prestígio para ela. Quero dizer, o que se ganharia com a tese contrária seria suplantado, de muito, pelas perdas infligidas ao sistema de comandos da Constituição-cidadã, a significar, então, postura interpretativa oposta à preconizada pelo chamado 'princípio da proporcionalidade em sentido estrito.

26. Seguindo a mesma linha de raciocínio até aqui expendida, ajunto que a colenda 1ª Turma deste Supremo Tribunal

[6] *In Curso de direito do trabalho*, 4ª ed., São Paulo: LTr, 2005, p. 1.114.

Federal deu provimento ao RE 449.420 (Rl. Min. Sepúlveda Pertence), ocasião em que proclamou: 'viola a garantia constitucional o acórdão que, partindo de premissa derivada de interpretação conferida ao art. 453, caput, *da CLT (redação alterada pela Lei n. 6.204/75), decide que a aposentadoria espontânea extingue o contrato de trabalho, mesmo quando o empregado continua a trabalhar na empresa após a concessão do benefício previdenciário' (DJU de 14.10.2005).*

27. Isso posto, meu voto é pela procedência da presente ADI, para o fim de declarar inconstitucional o § 2º do art. 453 da CLT."[7]

---

[7] ADIn 1.721-3-DF, de 11.10.2006 (Partido dos Trabalhadores — PT,: Partido Democrático Trabalhista — PDT, Partido Comunista do Brasil — PC DO B *vs.* Presidente da República e Congresso Nacional. Interessado: Federação Nacional dos Trabalhadores nas Empresas de Correios e Telégrafos e Similares — FENTECT). Rel. Min. Carlos Britto (DJ n. 202, Seção 1, de 20.10.2006, p. 46). No mesmo sentido: AG REG NO AI 461.639-4-SP, de 6.12.2005 (Indústria Romi S/A. *vs.* José Antonio Rodrigues). Rel.: Min. Sepúlveda Pertence (DJ n. 25, Seção 1, de 3.2.2006, p. 17); RE 471.158-3-DF, de 8.11.2006 (Antonio Pereira da Silva *vs.* Empresa Brasileira de Correios e Telégrafos — ECT). Rel.: Min.Ricardo Lewandowski (DJ n. 223, de 22.11.2006, Seção 1, pp.99-0); AG REG NO AI 543602-9-SP, de 6.12.2005 (Sylvania do Brasil Iluminação Ltda *vs.* Carla Rodrigues da Cunha Lôbo e outro (a/s)). Rel.: Min. Sepúlveda Pertence (DJ n. 25, de 3.2.2006, Seção 1, p. 19); AI 554.320-9-SP, de 20.2.2006 (Jorge Pinto de Moraes *vs.* M. Dedini S/A Metalúrgica). Rel.: Min. Sepúlveda Pertence (DJ n. 53, Seção 1, de 17.3.2006, p. 63); AI 582.922-8-RJ, de 24.2.2006 (José Wilson Torres Santos *vs.* Companhia Docas do Rio de Janeiro). Rel.: Min. Cezar Peluso (DJ n. 53, de 17.3.2006, p. 93); AI 567.306-7-MG, de 2.12.2005 (Fiat Automóveis S/A *vs.* Vanduil de Almeida Ferreira). Rel.: Min. Celso de Mello (DJ n. 242, Seção 1, de 19.12.2005, p. 107); AI 588.480-1-RJ, de 19.4.2006 (Esmeralda Brandão do Nascimento *vs.* Companhia de Eletricidade do Rio de Janeiro — CERJ). Rel.: Min. Sepúlveda Pertence (DJ n. 85, Seção 1, de 5.5.2006, p. 84).

3. *DANO MORAL. FIXAÇÃO DE* QUANTUM. *MATÉRIA INFRA CONSTITUCIONAL*[8]

A fixação do valor da indenização por dano moral é matéria infra constitucional e continuará a suscitar as inúmeras divergências e debates doutrinários e jurisprudenciais que se tem verificado no pais. Assim decidiu, a 5.4.2006, o Min. Joaquim Barbosa, ao exame do AI 534.587-1-SC, *verbis*:

"Trata-se de agravo de instrumento contra decisão que inadmitiu recurso extraordinário (art. 102, III, a, da Constituição) interposto de acórdão do Tribunal de Justiça do Estado de Santa Catarina cuja ementa tem o seguinte teor:

'ACIDENTE DO TRABALHO. DIREITO COMUM. RESPONSABILIDADE CIVIL. FALECIMENTO DA VÍTIMA. ATIVIDADE DE RISCO EXERCIDA POR MENOR DE 15 (QUINZE) ANOS, IMPOSSIBILIDADE. INTELIGÊNCIA DO ARTIGO 7º, INCISO XXXIII, DA CONSTITUIÇÃO FEDERAL. IMPEDIMENTO TAMBÉM ESTATUÍDO NO ARTIGO 405, INCISO I, DA CONSOLIDAÇÃO DAS LEIS DO TRABALHO E NO ARTIGO 67, INCISO II, DO ESTATUTO DA CRIANÇA E DO ADOLESCENTE. INEXISTÊNCIA, ADEMAIS, DE EQUIPAMENTOS DE PROTEÇÃO INDIVIDUAL E TREINAMENTO, CULPA CARACTERIZADA. DEVER DE INDENIZAR.

PENSÃO MENSAL DEVIDA AOS PAIS NO VALOR CORRESPONDENTE A 2/3 DO PERCEBIDO PELA VÍTIMA À ÉPOCA DO ACIDENTE, ATÉ QUE COMPLETASSE 25 (VINTE E CINCO) ANOS, INCLUÍDA A VERBA RELATIVA AO 13º SALÁRIO E EXCLUÍDO O FUNDO DE GARANTIA.

DANO MORAL. FIXAÇÃO DO QUANTUM *PELO PRUDENTE ARBÍTRIO DO JULGADOR, NA QUANTIA EQUIVALENTE A R$ 30.000,00. VALOR ESTIMATIVO.*

---

[8] Sobre dano moral, v., nesta coletânea, v. 2, p. 44, b. 3, p. 20, v. 4, p. 33, v. 9, pp. 18, 23, 53, 55.

INVERSÃO DO ÔNUS SUCUMBENCIAL. APELADA CONDENADA AO PAGAMENTO DAS DESPESAS PROCESSUAIS E VERBA HONORÁRIA, NO VALOR DE 15% SOBRE O VALOR DA CONDENAÇÃO. APLICAÇÃO DO ART. 20, § 3º, DO CÓDIGO DE PROCESSO CIVIL.

REFORMA PARCIAL DA SENTENÇA.'

O inconformismo da ora agravante é manifestado no recurso extraordinário, em apertada síntese, com base nos seguintes argumentos: (i) a vítima contava com 15 anos na data do acidente, quando a redação original do art. 7º, XXXIII, da Constituição federal, em vigor à época, permitia a contratação de menores de 16 anos; (ii) não há, nos autos, prova de que o serviço executado pela vítima fosse perigoso; (iii) o valor da indenização arbitrado pelo Tribunal de origem revela-se excessivo.

Sem razão a agravante.

No que tange ao argumento da aplicação retroativa do art. 7º, XXXIII, da Constituição federal (com a redação da Emenda Constitucional 20/1998), a discussão, para dar ensejo ao cabimento do extraordinário, deveria ter sido alicerçada no art. 5º, XXXVI, da Constituição. A matéria, entretanto, não foi enfrentada pelo Tribunal de origem, tampouco foi objeto de embargos declaratórios, de modo que lhe falta o indispensável prequestionamento. Aplica-se, ao caso, o disposto nas Súmulas 282 e 356 do STF.

Ademais, ainda que fosse possível analisar o recurso extraordinário com fundamento nessa alegação, não se legitimaria nenhuma alteração no entendimento do Tribunal de origem. O acórdão recorrido considerou a atividade exercida pela vítima de natureza perigosa, e o art. 7º, XXXIII, da Carta Magna, na parte em que veda esse tipo de trabalho a menor de 18 anos, não foi alterado pela EC 20/1998. Incide, pois, o óbice da Súmula 284 do STF.

De outra parte, quanto ao argumento da falta de comprovação do caráter perigoso da atividade exercida pela vítima, a pretensão recursal pressupõe revolvimento do conjunto fático-probatório dos autos, expediente a que não se presta a via extraordinária (Súmula 279 do STF).

Por fim, é de se ressaltar que o art. 5º, V, da Constituição assegura a indenização por dano moral, mas não estabelece os parâmetros para a fixação do valor que, caso a caso, será capaz de dar satisfação à dor que o caracteriza. Por conseguinte, o exame dessa fixação não se situa no plano constitucional.

Do exposto, nego seguimento ao agravo."[9]

---

[9] AI 534.587-1-SC, de 5.4.2006 (Fornecedora e Exportadora de Madeiras Forex S.A *vs.* Paulo Bueno e outro (a/s)). Rel.: Min. Joaquim Barbosa (DJ n. 150, Seção 1, de 7.8.2006, pp. 43-4).

4. ESTABILIDADE

A. EMPREGADO DE SOCIEDADE DE ECONOMIA MISTA. INEXISTÊNCIA[10]

Empregado de sociedade de economia mista não goza da estabilidade de que trata o art. 37 da Constituição da República. Foi o que decidiu a 2ª Turma do STF, em voto da lavra do Min. Joaquim Barbosa, a 15.8.2006, no AG REG no AI 582.921-1-MA, cuja ementa tem o seguinte teor:

"SOCIEDADE DE ECONOMIA MISTA. EMPREGADO. ESTABILIDADE.

A decisão agravada está em conformidade com o entendimento firmado por ambas as Turmas desta Corte, no sentido de que não se aplica a empregado de sociedade de economia mista, regido pela CLT, o disposto no art. 41 da Constituição federal, o qual somente disciplina a estabilidade dos servidores públicos civis. Ademais, não há ofensa aos princípios de direito administrativo previstos no art. 37 da Carta Magna, porquanto a pretendida estabilidade não encontra respaldo na legislação pertinente, em face do art. 173, § 1º, da Constituição, que estabelece que os empregados de sociedade de economia mista estão sujeitos ao regime jurídico próprio das empresas privadas, inclusive quanto às obrigações trabalhistas.

Agravo regimental a que se nega provimento."[11]

B. GESTANTE. FECHAMENTO DE EMPRESA. INDENIZAÇÃO

A 22.11.2005, o Min. Joaquim Barbosa proferiu decisão no AI 333.502-4-SP, reconhecendo que a empregada gestante tem direito

[10] V., nesta coletânea, v. 1, p. 37, v. 3, p. 113.

[11] AG REG NO AI 582.921-1-MA, de 15.8.2006 (Francisco Lincoln Cruz *vs.* Banco do Nordeste do Brasil S/A — BNB). Rel.: Min. Joaquim Barbosa (DJ n. 183, Seção 1, de 22.9.2006, p. 52).

a indenização pela simples confirmação de sua gravidez, ainda que o emprego tenha sido extinto por dificuldades econômicas de empresa privada. O *decisum* tem o seguinte teor:

> *"No recurso extraordinário, a parte agravante alega violação do art. 5º, II e LIV, da Constituição Federal e do art. 10, II,* b*, do ADCT. Argumenta que o encerramento das atividades da filial por motivos econômicos não caracteriza dispensa arbitrária da empregada gestante capaz de ensejar estabilidade e indenização.*
>
> *A decisão recorrida está em consonância com a jurisprudência de ambas as Turmas desta Corte.*
>
> *No âmbito da Primeira Turma, confira-se, a respeito, o RE 259.318 (rel. min. Ellen Gracie, DJ 21.06.2002), cuja ementa tem o seguinte teor:*
>
> *'O art. 10, II,* b *do ADCT confere estabilidade provisória à obreira, exigindo para o seu implemento apenas a confirmação de sua condição de gestante, não havendo, portanto, de se falar em outros requisitos para o exercício desse direito, como a prévia comunicação da gravidez ao empregador. Precedente da Primeira Turma desta Corte. Recurso extraordinário não conhecido.'*
>
> *Por sua vez, a Segunda Turma, no julgamento do RMS 21.328 (rel. min. Carlos Velloso, DJ 03.05.2002), esclareceu ainda mais a questão. Ao se pronunciar sobre o alcance da estabilidade prevista no art. 10, II, do ADCT, a Turma assegurou à gestante as vantagens financeiras do período constitucional de estabilidade, mesmo diante da extinção do órgão em que a trabalhadora estava lotada e da declaração de desnecessidade do emprego por ela ocupado. Por sua vez, a Segunda Turma, no julgamento do RMS 21.328 (rel. min. Carlos Velloso, DJ 03.05.2002), esclareceu ainda mais a questão. Ao se pronunciar sobre o alcance da estabilidade prevista no art. 10, II, do ADCT, a Turma assegurou à gestante as vantagens financeiras do período constitucional de estabilidade, mesmo diante da extinção do órgão em que a trabalhadora estava lotada e da declaração de desnecessidade do emprego por ela ocupado. Esse precedente, ainda que não se refira exatamente à mesma situação, aplica-se ao presente caso.*
>
> *Embora o empregador não esteja obrigado a reintegrar a gestante a um emprego extinto por dificuldades econômicas*

da empresa privada, deve indenizar a trabalhadora por um direito que lhe é constitucionalmente garantido pela simples confirmação de sua condição de gestante.

Do exposto, e com base no art. 557, caput, *do Código de Processo Civil, nego seguimento ao agravo."*[12]

C. SERVIDOR NÃO CONCURSADO

Trabalhador contratado sucessivamente como professor da rede estadual de ensino pretendeu garantir a estabilidade prevista no art. 19 do ADCT. A decisão do Min. Marco Aurélio, no AI 583.599-6-MG, de 27.3.2006, mostra a primazia da realidade de que falou Mário de La Cueva, e manteve a decisão do Tribunal de origem, mantendo a sentença de 1º grau, que reconhecer a estabilidade. Este o decisório:

"ESTABILIDADE — SERVIDORES NÃO CONCURSADOS — TEMPO DE SERVIÇO — CARÁTER CONTINUADO — ALCANCE DO ARTIGO 19 DO ATO DAS DISPOSIÇÕES CONSTITUCIONAIS TRANSITÓRIAS — AGRAVO DESPROVIDO.

1. O Tribunal de origem houve por bem confirmar o entendimento constante na sentença de 1º grau, a qual, na forma do artigo 19 do Ato das Disposições Constitucionais Transitórias, implicou a declaração da estabilidade da recorrida, porquanto preenchido o requisito alusivo aos cinco anos de trabalho na data da promulgação da Carta. Consignou o Colegiado (folha 23):

ADMINISTRATIVO — CONTRATAÇÕES SUCESSIVAS POR PARTE DO ESTADO — PRAZO DE CINCO ANOS CONTINUADOS — ESTABILIDADE EXCEPCIONAL DO ART. 19 DO ADCT CONFIGURADA — PRESCRIÇÃO — INOCORRÊNCIA — Tendo o eventual direito postulado pelo autor assento constitucional, afasta-se a preliminar de prescrição. De acordo com o comando inserido no art. 19 do Ato das Disposições Constitucionais Transitórias, será o servidor, em exercício na data da promulgação da Constituição, há pelo menos cinco anos continuados, considerado estável no serviço público, o que se mostra presente no caso de contratações sucessivas de professores pelo Estado de Minas Gerais. Rejeitada preliminar, em reexame necessário, confirma-se a sentença, prejudicado o recurso voluntário.

---

[12] AI 333.502-4-SP, de 22.11.2005 (Ceval Alimentos S/A *vs.* Marilene Pereira de Souza). Rel.: Min. Joaquim Barbosa (DJ n. 23, Seção 1, de 1.2.2006, p. 101).

2. Quanto ao tema de fundo, tem-se que, a ora recorrida foi contratada, de forma sucessiva, para ministrar aulas. É que o Estado deu ensejo a desligamentos periódicos e a novas contratações. O preceito do artigo 19 do Ato das Disposições Constitucionais Transitórias, ao prever o tempo de cinco anos continuados de serviços, para concluir-se pela estabilidade, afasta, tão-somente, aquelas hipóteses em que houve a cessação da relação jurídica e, passado um certo período, o restabelecimento, pressupondo-se situação de absoluta normalidade, o que não ocorreu no caso dos autos. Em síntese, não se pode vislumbrar ofensa, no caso, ao artigo 19 do Ato das Disposições Constitucionais Transitórias, no que se homenageou a realidade, ou seja, afastou-se do cenário jurídico conseqüência de ato condenável do próprio Estado, no que, visando à economia no campo das despesas com o pessoal, procedeu a verdadeiras rupturas fictícias.

3. Ante o quadro, conheço do agravo e o desprovejo.
4. Publiquem."[13]

[13] AI 583.599-6-MG, de 27.3.2006 (Estado de Minas Gerais *vs.* Elízia Ribeiro de Rezende). Rel.: Min. Marco Aurélio (DJ n. 79, Seção 1, de 26.4.2006, p. 33).

5. *GRATIFICAÇÃO PÓS-FÉRIAS. COMPENSAÇÃO*

Pode ser instituída em norma coletiva a gratificação pós-férias, com o 1/3 constitucional. Decidiu o Min. Carlos Britto, como relator na 1ª Turma do STF, a 29.6.2006, no exame do AG REG no AI 513.027-4-RS, *verbis*:

"AGRAVO REGIMENTAL. MATÉRIA TRABALHISTA. COMPENSAÇÃO DA GRATIFICAÇÃO DENOMINADA PÓS-FÉRIAS, INSTITUÍDA POR NORMA COLETIVA, COM O TERÇO CONSTITUCIONAL DE FÉRIAS. POSSIBILIDADE. PRECEDENTES.

O Supremo Tribunal Federal já se posicionou pela possibilidade de compensação da gratificação denominada pós-férias, instituída por norma coletiva, com o adicional de 1/3 sobre as férias, previsto no inciso XVII do art. 7º da Magna Carta.

Precedentes: AIs 360.306-AgR, Relator o Ministro Moreira Alves; 401.304-AgR e 506.362-AgR, Relator o Ministro Sepúlveda Pertence; e RE 380.960, de minha relatoria.

Agravo desprovido."[14]

[14] AG.REG NO AI 513.027-4-RS, de 29.6.2006 (Jorge Dias da Silva e outro (a/s) *vs.* Companhia Estadual de Energia Elétrica — CEEE). Rel.: Min. Carlos Britto (DJ n. 173, Seção 1, de 8.9.2006, p.36).

6. TRABALHO FORÇADO

Tema preocupante e importante para o Direito do Trabalho e para os direitos humanos, o combate ao trabalho forçado tem tomado espaço da mídia e do Judiciário. A seguir, o voto de vista do Min. Gilmar Mendes, proferido a 30.11.2006, no RE 398.041-6-PA, em que é relator o Min. Joaquim Barbosa:

"**Crime de Redução Análoga à de Escravo e Competência**

Cuidam os autos de recurso extraordinário, interposto pelo Ministério Público Federal, contra acórdão do Tribunal Regional Federal da 1ª Região que decidiu ser da competência da Justiça Comum Estadual o processo e julgamento do crime de redução à condição análoga à de escravo, previsto no art. 149 do Código Penal Brasileiro.

O eminente relator assim expôs a seqüência dos fatos processuais:

'Em 15 de janeiro de 1992, o Ministério Público Federal denunciou Silvio Caetano de Almeida, fazendeiro, e Raimundo Simião Filho, preposto, por infração aos artigos 149 e 203 do Código Penal.

A denúncia foi recebida em 17 de setembro de 1992 pelo Juiz Federal de Marabá-PA.

Em decisão de 18 de março de 1998, o juiz monocrático determinou a separação do processo relativamente ao co-réu Raimundo Simião Filho, prosseguindo, portanto, a ação contra Sílvio Caetano de Almeida.

A sentença, de 23 de junho de 1998, absolveu o réu quanto ao crime do art. 203 do Código Penal, por entender que os atos caracterizadores dessa conduta constituem elementos necessários à configuração do crime de redução à condição análoga à de escravo, aplicando ao caso, por conseguinte, o princípio da consunção. No que se refere ao crime do art. 149 do Código Penal, o juiz condenou o réu, fixando a pena privativa de liberdade em quatro anos de reclusão, a serem cumpridos inicialmente em regime aberto.

Na apelação, o Tribunal Regional Federal da 1ª Região, antes de proceder ao exame de mérito, declarou a incompetência absoluta da justiça federal e anulou todo o processo a partir da decisão que recebera a denúncia, inclusive. A ementa do acórdão tem o seguinte teor:

'PENAL E PROCESSO PENAL. COMPETÊNCIA DA JUSTIÇA FEDERAL NÃO EVIDENCIADA. ART. 149 DO CP. CRIME CONTRA A LIBERDADE PESSOAL. INCOMPETÊNCIA ABSOLUTA.

1. O tipo do art.149 do CP, redução de trabalhador à condição análoga à de escravo, classificado como crime contra a liberdade individual, não é considerado como crime contra a organização do trabalho, coletivamente considerada, não configurando, portanto, a competência da Justiça Federal — art. 109, VI da CF, Súmula 115 do TFR.

2. Em se tratando de incompetência absoluta, deve ser reconhecida de ofício, com a anulação do processo, a partir do ato de recebimento da denúncia, inclusive. Precedentes deste Regional.

3. Apelação do Réu prejudicada.' (fls. 485)

Inconformado, o Ministério Público Federal interpôs o presente recurso extraordinário, alegando, em suas razões, que o acórdão recorrido viola o disposto no art. 109, VI, da Constituição, visto que, no presente caso, é flagrante a existência de crime contra a organização do trabalho e de crime contra a coletividade dos trabalhadores, justificando-se, portanto, a competência da justiça federal para processar e julgar a infração criminal em exame."

A questão central versada no presente recurso extraordinário, portanto, cinge-se à definição da competência — se da Justiça Comum Estadual ou da Justiça Federal — para processo e julgamento do crime de redução de trabalhadores à condição análoga à de escravo. A controvérsia surge, e encontra sua solução, na interpretação do art. 109, inciso VI, da Constituição, que assim dispõe:

'Art. 109 — Aos juízes federais compete processar e julgar:

(...)

VI — os crimes contra a organização do trabalho (...)'

A competência da Justiça Federal é induvidosa com relação a alguns dos crimes descritos no Título IV do Código Penal Brasileiro ('Dos Crimes contra a Organização do Trabalho');

porém, no caso do crime de redução a condição análoga à de escravo, previsto no 'Capítulo dos Crimes contra a Liberdade Individual', especificamente pelo art. 149, ainda persistem as divergências doutrinárias e jurisprudenciais.

A orientação predominante nos tribunais pátrios é no sentido de que compete em regra à Justiça Comum Estadual o processo e julgamento do referido delito. A jurisprudência do Supremo Tribunal Federal está baseada na decisão prolatada nos autos do RE n. 90.042, de relatoria do eminente Min. Moreira Alves, que fixou entendimento segundo o qual 'são da competência da Justiça Federal apenas os crimes que ofendam o sistema de órgãos e instituições que preservam, coletivamente, os direitos e deveres dos trabalhadores'.

O relator, Min. Joaquim Barbosa, proferiu voto no sentido de afastar a aplicação do referido leading case, *visto que, naquela oportunidade, o Tribunal teria analisado mera irregularidade na anotação na carteira de trabalho de um único trabalhador, o que justificaria o afastamento da competência da Justiça Federal para julgar o caso. Considerou o relator, no entanto, que, no processo em exame, 'cuida-se de inúmeros trabalhadores a laborar sob escolta, alguns acorrentados, em situação de total violação da liberdade e da autodeterminação de cada um', o que estaria a exigir a aplicação do art. 109, VI, da Constituição. Colho trechos da fundamentação do voto do eminente relator:*

Em realidade, a expressão 'crimes contra a organização do trabalho' comporta outras dimensões, que vão muito além dos aspectos puramente orgânicos até hoje levados em conta pela doutrina e jurisprudência nacionais. Não se cuida apenas de velar pela preservação de um 'sistema de órgãos e instituições' voltados à proteção coletiva dos direitos e deveres dos trabalhadores.

A meu sentir, a 'organização do trabalho' a que alude o dispositivo em discussão deve necessariamente englobar um outro elemento: 'o homem', compreendido na sua mais ampla acepção, abarcando aspectos atinentes à sua liberdade, autodeterminação e dignidade.

Com isso quero dizer que quaisquer condutas que possam ser tidas como violadoras não somente do sistema de órgãos e instituições com atribuições para proteger os direitos e deveres dos trabalhadores, mas também do homem trabalhador, atingindo-o nas esferas que lhe são mais caras, em que a

Constituição lhe confere proteção máxima, são, sim, enquadráveis na categoria dos crimes contra a organização do trabalho, se praticadas no contexto de relações de trabalho.'

Após tecer considerações doutrinárias sobre o princípio da dignidade humana, o relator assim conclui:

'Ora, diante de tão clara opção pelo homem enquanto tal, pela preservação da sua dignidade intrínseca, é inadmissível pensar que o respectivo sistema de organização do trabalho, atividade que dignifica o homem e em que ele se aperfeiçoa completamente, possa ser concebido unicamente à luz do que tradicionalmente se passou a caracterizar como 'órgãos e instituições', excluindo-se dessa relação o ator principal de todo o sistema, isto é, o homem, esse ser dotado de dignidade intrínseca.

Não. Data vênia dos que esposam pontos de vista diferentes, entendo que o componente humano, sobretudo em virtude da proteção elevada que a Constituição outorga à sua dignidade, deve, sim, ser considerado elemento indissociável da organização do trabalho.

(...)

Assim, Senhor Presidente, entendo que, no contexto das relações de trabalho — contexto esse que, como já disse, sofre o influxo do princípio constitucional da dignidade da pessoa humana, o qual ilumina todo o nosso sistema jurídico-constitucional —, a prática do crime previsto no art. 149 do Código Penal se caracteriza como crime contra a organização do trabalho, atraindo, portanto, a competência da justiça federal, na forma do art. 109, VI, da Constituição.'

Após os votos dos Ministros Eros Grau, Carlos Britto e Sepúlveda Pertence, que acompanharam o relator, e dos Ministros Cezar Peluso e Carlos Velloso, que negaram provimento ao recurso, pedi vista dos autos para melhor analisar o problema.

Instigou-me o fato de que o Tribunal, até o momento deste julgamento, tenha justificado a competência da Justiça Federal na necessidade de se dar uma pronta e rígida resposta ao problema do trabalho escravo em nosso país. Está-se a partir da premissa de que o combate ao trabalho escravo somente será eficaz se protagonizado pelas autoridades federais, criando para o Tribunal quase que uma obrigação moral de decidir nesse sentido. Assim está expresso no voto proferido pelo Ministro Relator:

'Senhor Presidente, transcendendo em muito a mera questão de competência, creio que estamos diante de uma das mais dolorosas feridas de nossa sociedade: a incrível e inadmissível persistência de trabalho escravo em nosso país. Subjacente à análise do presente processo, portanto, teremos uma tomada de posição desta Corte em relação ao combate ao trabalho escravo, realidade social que se choca frontalmente com diversos princípios fundamentais da Constituição Federal, de que esta Corte é guardiã.'

Em outras palavras, está-se a partir do pressuposto, a meu ver equivocado, de que a polícia e a justiça estaduais, por razões de ordem histórica e cultural, econômica, social ou política, não se mostram dispostas ou não estão aptas para investigar, processar e julgar fatos criminosos cometidos em detrimento dos direitos fundamentais dos trabalhadores. Apenas as autoridades federais — polícia, membros do Ministério Público e juízes — reputadas, dessa forma, mais competentes e confiáveis, poderiam ficar a cargo de tão relevante missão, a de coibir as violações de direitos humanos nas relações de trabalho.

Em suma, a idéia — a meu sentir, preconceituosa — é de que a Justiça Estadual não funciona.

Está claro que o trabalho escravo é uma prática condenada pela sociedade, violadora de toda a ordem constitucional, que possui na dignidade da pessoa humana a sua norma-base (Häberle) e seu valor jurídico supremo (Dürig).

O exercício laboral em condições degradantes e desumanas, como é o caso dos autos, tem sido reprimido nos planos nacional e internacional, por meio dos tratados e convenções de direitos humanos.

A Declaração Universal dos Direitos do Homem e do Cidadão, de 1948, por exemplo, prescreve que 'ninguém será mantido em escravidão ou servidão; a escravidão e o tráfico de escravos serão proibidos em todas as suas formas. Do mesmo modo, a Organização Internacional do Trabalho, por meio da Convenção n. 29, aprovada na 14ª reunião da Conferência Internacional do Trabalho (Genebra, 1930), adotou diversas proposições relativas ao combate ao trabalho forçado ou obrigatório sob todas as suas formas.

O Estado brasileiro, portanto, está comprometido, nos planos interno e externo, com a erradicação de todo tipo de escravidão, servidão e trabalho forçado que venham a afrontar a dignidade humana. O Estado está incumbido, dessa forma, do dever de criar mecanismos eficazes para a realização desse mister, dentre os quais sobressai a edição de normas de organização e procedimento destinadas a regular a investigação, processo e julgamento dos fatos transgressores dos direitos fundamentais dos trabalhadores.

Porém, isso não leva à conclusão, apodítica, de que o processo e julgamento dos fatos que impliquem situação análoga à escravidão de trabalhadores tenham de estar necessariamente na incumbência da Justiça Federal. Significa apenas que cabe ao Estado brasileiro a criação de mecanismos eficazes para reprimir as lesões aos direitos humanos dos trabalhadores.

Assim, em atenção às exigências internacionais decorrentes dos tratados e convenções dos quais o Brasil é signatário, e em exercício de concretização dos direitos fundamentais assegurados na Constituição de 1988, foi editada a Lei n. 10.803/2003, que modificou o art. 149 do Código Penal, dando nova conformação, mais específica, ao tipo do crime de redução à condição análoga à de escravo. No plano processual, a legislação já conta com normas reguladoras da investigação, processo e julgamento desse crime.

É bem verdade, por outro lado, que é sobre a União que recai a responsabilidade internacional diante do compromisso que tem o Brasil de combater as violações contra os direitos humanos delimitados nos tratados e convenções dos quais é signatário.

O ordenamento jurídico, no entanto, já prevê os mecanismos processuais necessários para os casos — frise-se, excepcionais — nos quais a Justiça Estadual, por motivos vários (insuficiência do aparato persecutório, manipulação política, etc.), não esteja funcionando de forma eficiente.

A Lei n. 10.446, de 8 de maio de 2002, por exemplo, prevê a possibilidade de investigação, pelo Departamento de Polícia Federal do Ministério da Justiça, sem prejuízo dos órgãos de segurança pública estaduais, dos crimes de repercussão interestadual ou internacional que exijam repressão uniforme, como aqueles relativos "à violação a direitos humanos, que a República Federativa do Brasil se comprometeu a reprimir em decorrência de tratados internacionais de que seja parte" (Art. 1º, inciso III).

Ademais, a Emenda Constitucional n. 45/2004 estabeleceu a hipótese de deslocamento da competência para a Justiça

Federal do julgamento dos crimes contra os direitos humanos, concedendo à União a responsabilidade nacional para investigar, processar e punir os crimes que incorram em grave ofensa aos direitos humanos.

Assim, o art. 109, V-A e § 5º, dispõem que, nas hipóteses de grave violação de direitos humanos, o Procurador-Geral da República, com a finalidade de assegurar o cumprimento de obrigações decorrentes de tratados internacionais de direitos humanos dos quais o Brasil seja parte, poderá suscitar, perante o Superior Tribunal de Justiça, em qualquer fase do inquérito ou processo, incidente de deslocamento de competência para a Justiça Federal.

O art. 109, V-A e § 5º, inserido na Constituição pela EC n. 45/2004, é objeto das Ações Diretas de Inconstitucionalidade ns. 3.486 e 3.493 (Rel. Min. Sepúlveda Pertence), que aguardam julgamento neste Tribunal. Não obstante, é preciso lembrar que a própria Constituição de 1988, em seu art. 34, VII, b, *sempre previu a hipótese, também excepcional, de intervenção da União nos Estados-membros para assegurar a observância dos direitos da pessoa humana, medida esta igualmente dependente de representação do Procurador-Geral da República (art. 36, III).*

Faço essas considerações para esclarecer que não se pode partir do pressuposto equivocado de que o resultado do presente julgamento representará uma tomada de posição deste Tribunal a respeito do trabalho escravo em nosso país, como parece ter pretendido fazer crer, data venia, *o voto do relator.*

O ordenamento jurídico brasileiro já prescreve os mecanismos necessários para a repressão desse tipo de conduta expressamente definida como crime no Código Penal.

A definição da competência — se da Justiça Comum Estadual ou da Justiça Federal — não alterará esse quadro. Aliás, é possível até se cogitar, como o fizeram Velloso e Peluso na sessão anterior, de que as autoridades estaduais, por estarem próximas ao local do crime, podem realizar esse trabalho de forma mais eficiente. Não quero me comprometer com tal argumento, mas tenho como certo de que tanto a Justiça Estadual como a Justiça Federal estão plenamente aptas a processar e julgar o crime de redução à condição análoga à de escravo.

Some-se a isso o entendimento, já perfilhado por esta Corte no julgamento da ADI n. 3.367/DF, DJ 17.3.2006, segundo o qual o Poder Judiciário não é federal, nem estadual, mas um Poder de âmbito nacional, como bem esclarecido pelo seguinte trecho do voto do relator, Ministro Cezar Peluso:

'(...) O pacto federativo não se desenha nem expressa, em relação ao Poder Judiciário, de forma normativa idêntica à que atua sobre os demais Poderes da República. Porque a Jurisdição, enquanto manifestação da unidade do poder soberano do Estado, tampouco pode deixar de ser una e indivisível, é doutrina assente que o Poder Judiciário tem caráter nacional, não existindo, senão por metáforas e metonímias, "Judiciários estaduais" ao lado de um 'Judiciário federal'.

A divisão da estrutura judiciária brasileira, sob tradicional, mas equívoca denominação, em Justiças, é só o resultado da repartição racional do trabalho da mesma natureza entre distintos órgãos jurisdicionais. O fenômeno é corriqueiro, de distribuição de competências pela malha de órgãos especializados, que, não obstante portadores de esferas próprias de atribuições jurisdicionais e administrativas, integram um único e mesmo Poder. Nesse sentido fala-se em Justiça Federal e Estadual, tal como se fala em Justiça Comum, Militar, Trabalhista, Eleitoral, etc., sem que com essa nomenclatura ambígua se enganem hoje os operadores jurídicos.'

O problema posto ao Tribunal no presente recurso diz respeito à interpretação do art. 109, inciso VI, da Constituição, para definir qual o âmbito normativo do dispositivo que prescreve a competência da Justiça Federal para processar e julgar os crimes contra a organização do trabalho.

A solução, a meu ver, está em definir quais são os bens jurídicos penais tutelados. Por isso, também não me impressiona o argumento, igualmente levantado pelo eminente relator, de que a 'organização do trabalho' a que se refere a norma constitucional deve 'englobar outro elemento: o homem, compreendido na sua mais ampla acepção, abarcando aspectos atinentes à sua liberdade, autodeterminação e dignidade'.

A própria noção de bem jurídico penal já engloba essa idéia, na medida em que faz referência aos valores da comunidade, que possuem seu núcleo no valor supremo da dignidade da pessoa humana. A função ético-social do Direito Penal, como ensina Hans Welzel, é proteger os valores elementares da vida em comunidade. Dentre esse valores, o penalista alemão ressalta o valor do trabalho, da seguinte forma:

'(...) uno de los valores humanos más elementales es el trabajo. Su significación puede apreciarse, por una parte, a partir

del producto material — de la obra — que genera (valor de resultado del trabajo). Por outra parte, el trabajo posee, ya independientemente de si la obra se logra o no, una significación positiva en la existencia humana. El trabajo como tal, en el ritmo de actividad e inactividad, da plenitud a la vida humana (...).

Em seguida, prossegue Hans Welzel:

'Ambas formas de valor (valor de resultado y valor del acto) son importantes para el Derecho Penal. El Derecho Penal quiere proteger antes que nada determinados bienes vitales de la comunidad (valores materiales), como, por ejemplo, la integridad del Estado, la vida, la salud, la libertad, la propiedad, etc. (los llamados bienes jurídicos), de ahí que impone consecuencias jurídicas a su lesión (al desvalor del resultado). Esta protección de los bienes jurídicos las cumple en cuanto prohíbe y castiga las acciones dirigidas a la lesión de bienes jurídicos. Luego, se impide el desvalor material o de resultado mediante la punición del desvalor de acto. Así asegura la vigencia de los valores de acto ético-sociales de carácter positivo, como el respecto a la vida ajena, a la salud, a la libertad, a la propiedad, etc.

Estos valores del actuar conforme a derecho, arraigados en la permanente conciencia jurídica (es decir, legal, no necesariamente moral) constituyen el transfondo ético-social positivo de las normas jurídico-penales. El Derecho Penal asegura su real acatamiento, en cuanto castiga la inobservancia manifestada a través de acciones desleales, de rebeldía, indignas, fraudulentas. La misión central del Derecho Penal reside, pues, en asegurar la vigencia inquebrantable de estos valores de acto, mediante la comunicación penal y el castigo de la inobservancia de los valores fundamentales del actuar jurídico manifestada efectivamente.'

Enfim, conforme as lições de Franz Von Liszt, 'se a missão do Direito é a tutela de interesses humanos, a missão do Direito Penal é a reforçada proteção desses interesses, que principalmente a merecem e dela precisam, por meio da cominação e da execução da pena como mal infligido ao criminoso'. A proteção de bens jurídicos (valores fundamentais) como missão principal do Direito Penal também encontra-se na doutrina de Claus Roxin e Winfried Hassemer.

Nesse sentido, se pudermos afirmar, seguindo Prieto Sanchís, que 'toda norma penal constitui um desenvolvimento de direitos', na medida em que, como ensina Peces-Barba, 'as normas penais fazem parte do subsistema de Direito Penal e ao mesmo tempo do subsistema de direitos fundamentais', podemos também concluir, agora com Häberle, que 'o Direito Penal pertence ao conteúdo essencial dos direitos fundamentais'.

Portanto, cada norma penal, ao visar à proteção de bens jurídicos fundamentais, está em permanente conexão com a norma fundamental da dignidade da pessoa humana. Trata-se de um "dar e receber", como ensina Häberle, entre a dignidade da pessoa humana e os direitos fundamentais individualmente considerados.

Cada norma penal, dessa forma, está marcada por uma diferenciada amplitude e intensidade no que diz com sua conexão com a dignidade humana. Assim, não é preciso muito esforço hermenêutico para concluir que os crimes contra a organização do trabalho constituem o desenvolvimento e a proteção, através do Direito Penal, do valor do trabalho e, com isso, do valor supremo da dignidade da pessoa humana. Isso não é novidade.

A questão, portanto, está em identificar a teleologia da norma constitucional que define a competência da Justiça Federal para processar e julgar os crimes contra a organização do trabalho.

Para tanto, <u>não creio que seja necessária uma mudança de posição do Tribunal em relação ao entendimento que vem sendo construído desde o precedente do RE n. 90.042/SP</u>. Na ocasião, o Ministro Moreira Alves, relator, interpretando o art. 125, VI, das Constituição de 1967/69, assim deixou consignado:

'Com efeito, <u>não me parece que o texto constitucional em causa tenha por objetivo carrear para a competência da Justiça Federal Comum todos os crimes que, de alguma forma, digam respeito à relação de trabalho</u>, pelo fato de que os litígios concernentes aos aspectos não criminais dessa relação estão sujeitos, por via de regra, a uma Justiça Federal especializada: a Justiça do Trabalho. Esta se justificaria pelas peculiaridades de natureza processual e de organização de seus órgãos — como a representação paritária de empregadores e empregados nas diferentes instâncias — que não existem no processo comum, nem na organização judiciária estadual. Não é isso o que ocorre em se tratando de crimes de alguma forma vinculados ao trabalho, que se acham capitulados no Código Penal — direito comum —, cuja apuração judicial se faz pelo Código de Processo Penal — também direito comum —, e, com relação aos quais, não se modifica a organização dos órgãos judicantes

para o processo e julgamento da ação penal. ***O que, em realidade, justifica a atribuição de competência, nessa matéria, à Justiça Federal Comum é um interesse de ordem geral — e, por isso mesmo, se atribui à União sua tutela —, na manutenção dos princípios básicos sobre os quais se estrutura o trabalho em todo o país, ou na defesa da ordem pública ou do trabalho coletivo.*** *Daí, aliás, a razão de o texto constitucional haver distinguido o crime contra a organização do trabalho do delito decorrente de greve. Nesse interesse que justifica, a meu ver, a competência da Justiça Federal, em tal terreno, não se enquadram crimes como o de que tratam os presentes autos: deixar o empregador, fraudulentamente, de pagar o salário-mínimo a um determinado empregado. Trata-se, aqui, de ato que atenta contra direito individual, mas que não coloca em risco a organização do trabalho. Competente para apreciá-lo é a Justiça Estadual. Em síntese, tenho para mim como certo que o artigo 125, VI, da Constituição Federal atribui competência à Justiça Federal apenas para processar e julgar ações penais relativas a crimes que ofendem o sistema de órgãos e instituições que preservam, coletivamente, os direitos e deveres dos trabalhadores.'*

Estou certo de que os crimes contra a organização do trabalho aos quais faz referência o art. 109, VI, da Constituição, não estão resumidos taxativamente no Título IV do Código Penal. Se é possível encontrar crimes definidos nesse título que não correspondem à norma constitucional do art. 109, VI, também é certo que outros crimes definidos na legislação podem configurar, dependendo do caso, crime contra a organização do trabalho.

A questão está, portanto, em identificar qual o bem jurídico afetado; ou seja, como o Ministro Moreira Alves deixou delimitado, se na hipótese existe ofensa ao interesse de ordem geral na manutenção dos princípios básicos sobre os quais se estrutura o trabalho em todo o país.

O Ministro Peluso bem observou em seu voto que o crime de redução de alguém à condição análoga à de escravo nem sempre ocorre no âmbito de uma relação de trabalho. Assim sendo, segundo Peluso, apenas na hipótese de haver um vínculo trabalhista entre criminoso e vítima é que estaria justificada a competência da Justiça Federal. Assim está consignado em seu voto:

'Creio que, quando a norma se refere a crimes contra a organização do trabalho, está a tratar daqueles que, típica e

essencialmente, dizem respeito a relações de trabalho, e não, aos que, eventualmente, podem ter relações circunstanciais com o trabalho. É que só no primeiro caso se justifica a competência da Justiça Federal, perante o interesse da União no resguardo da específica ordem jurídica concernente ao trabalho.'

O raciocínio do eminente Ministro é plenamente válido para a redação anterior do art. 149 do Código Penal, sem as alterações trazidas pela Lei n. 10.803/2003. O Código Penal, antes da referida alteração, definia a redução à condição análoga à de escravo como crime comum e lhe dava a seguinte redação: "Reduzir alguém à condição análoga à de escravo". O crime poderia ocorrer ou não no âmbito de uma relação de emprego, e qualquer pessoa poderia ser sujeito ativo ou passivo do delito, pois a norma penal não fazia qualquer exigência nesse sentido.

A Lei n. 10.803/2003 deu a seguinte redação ao dispositivo:

'Art. 1º O art. 149 do Decreto-Lei n. 2.848, de 7 de dezembro de 1940, passa a vigorar com a seguinte redação:

'Art. 149. Reduzir alguém a condição análoga à de escravo, quer submetendo-o a trabalhos forçados ou a jornada exaustiva, quer sujeitando-o a condições degradantes de trabalho, quer restringindo, por qualquer meio, sua locomoção em razão de dívida contraída com o empregador ou preposto:

Pena — reclusão, de dois a oito anos, e multa, além da pena correspondente à violência.

§ 1º Nas mesmas penas incorre quem:

I — cerceia o uso de qualquer meio de transporte por parte do trabalhador, com o fim de retê-lo no local de trabalho;

II — mantém vigilância ostensiva no local de trabalho ou se apodera de documentos ou objetos pessoais do trabalhador, com o fim de retê-lo no local de trabalho.

§ 2º A pena é aumentada de metade, se o crime é cometido:

I — contra criança ou adolescente;

II — por motivo de preconceito de raça, cor, etnia, religião ou origem.'

Como se vê, além de especificadas as condutas, foram definidos os sujeitos ativos e passivo do crime, que agora passam a ser apenas o empregador e o empregado. Crime próprio, tanto em relação ao sujeito ativo quanto ao passivo, apenas estará configurado quando houver uma relação de trabalho.

Não obstante, se a modificação do preceito primário — que descreve o tipo penal — teve o condão de transformar o crime comum em crime próprio, de forma que, definidos os sujeitos do delito, este apenas ocorrerá no âmbito de uma relação de trabalho, não se pode daí concluir que houve alteração do bem jurídico tutelado pela norma penal, que continua sendo, em princípio, a liberdade individual do trabalhador.

Não vislumbro, portanto, que todo fato que possa ser configurado em tese como crime de redução à condição análoga à de escravo implique uma ofensa ao bem jurídico "organização do trabalho", justificando, em todos os casos, a competência da Justiça Federal, conforme a determinação do art. 109, inciso VI, da Constituição da República.

É certo, deve-se reconhecer, que, tendo em vista o potencial caráter pluriofensivo desse crime, em muitos casos de trabalho escravo de que se tem conhecimento — infelizmente, ainda muito comuns em regiões interioranas rurais deste país — há, indubitavelmente, afronta também a todo um conjunto de princípios de proteção dos direitos trabalhistas.

Existem casos específicos em que o crime — tendo em vista a forma como é cometido, a quantidade de sujeitos envolvidos e a repercussão social causada — deixa de ser uma violação apenas à liberdade individual do trabalhador, passando a constituir uma grave ofensa a vários bens e valores constitucionais que dizem respeito à organização do trabalho.

Não se deve olvidar, porém, as hipóteses, muito comuns, nas quais, configurado o crime de redução à condição análoga à de escravo, não se pode sequer vislumbrar qualquer tipo de ofensa aos princípios que regem a organização do trabalho. Por exemplo, nos casos em que apenas um indivíduo, trabalhador, tem sua liberdade locomoção restringida por qualquer meio em razão de dívida contraída com o empregador. Ou no caso de retenção momentânea de um único trabalhador no local de trabalho por cerceamento de meios de transporte. Há, aqui, ofensa à liberdade individual do trabalhador, mas não à organização do trabalho como um todo. Não há, portanto, transgressão de normas e instituições voltadas à tutela coletiva dos trabalhadores, mas apenas a direitos e interesses individualmente considerados.

Da mesma forma, não se pode perder de vista que a própria estrutura normativa do tipo penal descrito no art. 149 do Código Penal pode dar ensejo à qualificação como 'crime de trabalho escravo" de inúmeras condutas que, a princípio, analisando bem as condições concretas envolvidas, não poderiam ser tidas como criminosas.

Como efeito, o preceito penal primário do art. 149 do CP contém cláusulas indeterminadas — como, por exemplo, "condições degradantes de trabalho' — que podem ser utilizadas indevidamente para permitir um alargamento exacerbado do suporte fático normativo, abrangendo todo e qualquer caso em que trabalhadores são submetidos a condições aparentemente indignas de trabalho. Tenha-se em mente, por exemplo, os fatos muito comuns em que as autoridades relatam como sendo caso de 'trabalho escravo' a existência de trabalhadores em local sem instalações adequadas, como banheiro, refeitório etc., sem levar em conta que o próprio empregador utiliza-se das mesmas instalações e que estas são, na maioria das vezes, o retrato da própria realidade interiorana do Brasil.

Há que se estar atento, portanto, para a possibilidade de abusos na tipificação de fatos tidos como de 'trabalho escravo'.

Por isso, entendo que a regra de competência fixada pelo art. 109, inciso VI, da Constituição, deve incidir apenas naqueles casos em que esteja patente a ofensa a princípios básicos sobre os quais se estrutura o trabalho em todo o país.

Outro não tem sido o entendimento desta Corte quanto à interpretação de dispositivos constitucionais constantes do art. 109, que definem a competência ratione materiae da Justiça Federal.

Por exemplo, no recente julgamento do RE 419.528/PR, Rel. orig. Min. Marco Aurélio, rel. p/ o acórdão Min. Cezar Peluso, em 3 de agosto de 2006, o Tribunal fixou o entendimento, já delineado em outros precedentes (RE n. 263.010-1/MS, Rel. Min. Ilmar Galvão, DJ 10.11.2000; HC n. 81.827/MT, Rel. Min. Maurício Corrêa, DJ 23.8.2002), segundo o qual a competência da Justiça Federal para processar e julgar os crimes praticados por índios ou contra índios configura-se apenas quando estiverem em jogo questões ligadas aos elementos da cultura indígena e aos direitos e interesses sobre terras, não alcançando delitos isolados praticados individualmente e sem envolvimento com toda a comunidade indígena. O Tribunal entendeu que a expressão 'disputa entre direitos indígenas', contida no inciso XI do art. 109 da Constituição, deve ser interpretada em conjunto com o art. 231 da Constituição, justificando a competência da Justiça Federal apenas em casos em que haja um atentado contra a existência do grupo indígena como um todo (Informativo STF n. 434, de 9 de agosto de 2006).

Como se vê, o Tribunal tem fixado seu entendimento jurisprudencial no sentido de que a incidência das normas constitucionais que definem a competência da Justiça Federal depende da análise casuística sobre a configuração da ofensa ao bem jurídico protegido, que deve levar em conta, como na espécie, o elemento coletivo ou transindividual.

Entendo, portanto, que a competência da Justiça Federal para processar e julgar o crime de redução de alguém à condição análoga à de escravo configura-se apenas nas hipóteses em que esteja presente a ofensa aos princípios que regem a organização do trabalho.

Esse entendimento não discrepa totalmente da orientação já perfilhada por esta Corte em outros precedentes. Além do já citado RE n. 90.042/SP, Rel. Min. Moreira Alves, recordo também o RE n. 156.527-6/PA, Rel. Min. Ilmar Galvão, cuja ementa possui o seguinte teor:

'EMENTA: COMPETÊNCIA DA JUSTIÇA FEDERAL. CRIMES CONTRA A ORGANIZAÇÃO DO TRABALHO. INTERPRETAÇÃO DO ART. 109, VI, PRIMEIRA PARTE, DA CONSTITUIÇÃO FEDERAL. Em face do mencionado texto, são da competência da Justiça Federal tão-somente os crimes que ofendem o sistema de órgãos e institutos destinados a preservar, coletivamente, os direitos e deveres dos trabalhadores. Acórdão que decidiu em conformidade com essa orientação. Recurso não conhecido.

Não se deve esquecer que, nos casos em que esteja configurada a grave violação de direitos humanos, e em que, por razões variadas, a Justiça Comum não esteja atuando de forma eficiente, pode o Procurador-Geral da República suscitar ao Superior Tribunal de Justiça, em qualquer fase do inquérito ou do processo penal, o incidente de deslocamento de competência para a Justiça Federal, com base no que dispõe o art. 109, § 5º, da Constituição Federal, com a redação determinada pela EC n. 45/2004. Poderá também o Procurador-Geral da República, tendo em vista as circunstâncias do caso, sempre em hipóteses excepcionais, formular, ao Supremo Tribunal Federal, pedido de intervenção federal no Estado para assegurar a observância de direitos da pessoa humana, conforme o disposto no art. 34, inciso VII, alínea b*, da Constituição.*

Toda essa análise tem o objetivo de fixar, em tese, a interpretação adequada do art. 109, inciso VI, da Constituição da República, para definir objetivamente em quais hipóteses estará configurada a competência da Justiça Federal para processar e julgar o crime de redução à condição análoga à de escravo.

Como já tive a oportunidade de pronunciar em outras ocasiões nesta Corte e em trabalhos doutrinários, é tênue a linha que separa os mecanismos processuais subjetivos e objetivos de proteção da Constituição. O recurso extraordinário, a meu ver, também é instituto processual de caráter marcadamente objetivo, na medida em que possibilita a esta Corte não apenas a solução do caso concreto, mas a delimitação da tese objetiva.

Fixada a tese quanto à interpretação do art. 109, inciso VI, da Constituição, passo a analisar o caso concreto.

O recurso em exame — e isso o Ministro Relator deixou bem claro — cuida de fatos que configuram redução de vários trabalhadores à condição análoga à de escravos, assim relatados na petição do Ministério Público:

'A Fazenda do Silva/PA, cenário macabro dos fatos noticiados nestes autos, foi palco — talvez ainda o seja — desta absoluta ausência de lei, onde cerca de 20 trabalhadores, na maioria analfabetos, eram mantidos sob forte segurança, de modo a realizarem as tarefas determinadas e não empreenderem fuga, submetidos a torturas e sevícias, reféns de uma dívida sempre superior ao 'ajuste' inicial do preço a ser pago pela força de trabalho, posto que obrigados a adquirirem, por valores exorbitantes, produtos alimentícios e de necessidades pessoais em cantinas montadas no próprio local de trabalho, além de despesas de hospedagem.'

A denúncia oferecida pelo Ministério Público Federal (fls. 3-6) descreve os fatos da seguinte maneira:

'Por volta do mês de junho de 1990, o primeiro denunciado, como proprietário que é da Fazenda do Silva, localizada no Município de Marabá, Km 32 da Estrada da Serra de Carajás, contratou o segundo denunciado para recrutar trabalhadores que deveriam ser levados para suas terras onde executariam trabalhos de roçagem, e como tal, rotineiros em uma propriedade rural.

Atendendo ao convite do primeiro réu — o maior beneficiário da situação — o acusado Raimundo Simião, que atua como 'Gato' na região de Marabá, levou cerca de 20 trabalha-

dores para a fazenda de Silvio, não procedendo a elementar direito trabalhista que é a anotação de contrato de trabalho na CTPS.

Para recrutar pessoal, o 'gato' promete remuneração altíssima, que funciona como fator de indução de conduta. Todavia, mantém no local de trabalho uma cantina onde os trabalhadores são obrigados a fazer suas compras sempre por valores superiores ao mercado, de tal forma que no momento do pagamento todos sempre estão em débito para com o armazém, que é mantido com recursos repassados pelo proprietário da fazenda. Visando o lucro fácil, os trabalhadores são proibidos de deixar o local até que terminem o trabalho e quitem suas dívidas. Qualquer tentativa de fuga é reprimida com violência física, chegando até mesmo à ameaça de morte. E, ainda, para os trabalhadores que 'ousam' reclamar da situação, o 'gato' e seus capangas aplicam verdadeiras torturas físicas e psicológicas, chegando ao ponto de acorrentar trabalhadores como autênticos escravos.(...) As barbaridades chegavam ao ponto de utilizarem os próprios trabalhadores para torturar os companheiros.(...)'

Esse breve relato dos fatos faz transparecer, a meu ver, a afronta aos valores estruturantes da organização do trabalho e da proteção do trabalhador.

Assim, diante da patente violação, no caso concreto, ao bem jurídico 'organização do trabalho', entendo como justificada a competência da Justiça Federal para processar e julgar o crime descrito nos autos, em aplicação do disposto no art. 109, VI, da Constituição.

Nesses termos, conheço e dou provimento ao recurso." [15]

---

[15] RE 398.041-6-PA, de 30.11.2006 (Ministério Público do Trabalho *vs.* Sílvio Caetano de Almeida). Relator: Min. Joaquim Barbosa. Voto de vista do Min. Gilmar Mendes, transcrito do Informativo n. 451, de 13.12.2006, pp. 2-4.

PARTE II

DIREITOS COLETIVOS

1. ADIN. NORMAS COLETIVAS. INCONSTITUCIONALIDADE DE LEI ESTADUAL

É inconstitucional lei estadual prevendo a possibilidade de celebração de acordos e convenções coletivas de trabalho no setor público, porque direito reservado aos trabalhadores da iniciativa privada. Nesse sentido, o julgado constante da ADIn 554-5-MG, de 15.2.2006, relatado pelo Min. Eros Grau, com a seguinte ementa:

> *"AÇÃO DIRETA DE INCONSTITUCIONALIDADE. ART. 272, § 2º, DA LEI COMPLEMENTAR N. 4 DO ESTADO DO MATO GROSSO. SERVIDORES PÚBLICOS. ACORDOS E CONVENÇÕES COLETIVAS DE TRABALHO. VIOLAÇÃO DO ART. 61, § 1º, II, DA CONSTITUIÇÃO DO BRASIL.*
>
> *1. A celebração de convenções e acordos coletivos de trabalho consubstancia direito reservado exclusivamente aos trabalhadores da iniciativa privada. A negociação coletiva demanda a existência de partes formalmente detentoras de ampla autonomia negocial, o que não se realiza no plano da relação estatutária.*
>
> *2. A Administração Pública é vinculada pelo princípio da legalidade. A atribuição de vantagens aos servidores somente pode ser concedida a partir de projeto de lei de iniciativa do Chefe do Poder Executivo, consoante dispõe o art. 61, § 1º, inciso II, alíneas "a" e "c", da Constituição, desde que supervenientemente aprovado pelo Poder Legislativo. Precedentes.*
>
> *Pedido julgado procedente para declarar inconstitucional o § 2º, do artigo 272, da Lei Complementar n. 4, de 15 de outubro de 1990, do Estado do Mato Grosso."* [1]

---

[1] ADIn 554-5-MG, de 15.2.2006 (Governador do Estado de Mato Grosso *vs.* Governador do Estado de Mato Grosso e Assembléia Legislativa do Estado de Mato Grosso). Rel.: Min. Eros Grau (DJ n. 85, Seção 1, de 5.5.2006, p. 3).

2. CONTRIBUIÇÃO ASSISTENCIAL PATRONAL. COMPETÊNCIA DA JUSTIÇA DO TRABALHO. EMENDA N. 45

Decisão do Min. Sepúlveda Pertence reconheceu a competência da Justiça do Trabalho, após a Emenda Constitucional n. 45/2004, para apreciar matéria relativa à contribuição assistencial devida por sindicato de categoria econômica, anteriormente reconhecida como da competência da Justiça Estadual. É o que consta do CC n. 7.376-4-RS, de 28.8.2006, *verbis*:

"Na origem, trata-se de ação do Sindicato do Comércio Varejista de Combustíveis e Lubrificantes do Estado do Rio Grande do Sul contra uma empresa não filiada, para exigir o pagamento de contribuições assistenciais patronais previstas em convenções coletivas.

O Juiz do Trabalho julgou improcedente o pedido.

O Tribunal Regional do Trabalho da 4ª Região acolheu a preliminar de incompetência da Justiça do Trabalho por acórdão assim ementado:

*'**Incompetência da Justiça do Trabalho. Contribuição assistencial.** A competência material desta Justiça Especializada encontra previsão no art. 114 da Constituição Federal. Neste sentido, os litígios entre empresas e seus respectivos sindicatos são estranhos às relações de trabalho, em virtude de se tratar de pleito que diz respeito à contribuição prevista em convenção coletiva de trabalho, e não em sentença normativa ou acordo firmado em autos de dissídio coletivo, razão pela qual não socorre o recorrente a invocação ao citado preceito constitucional. Também não incide na hipótese dos autos o disposto na Lei n. 8.984/95. Declara-se, pois, em preliminar, a incompetência da Justiça do Trabalho para apreciar e julgar a presente reclamatória, resultando nulos os atos decisórios praticados, e determinando-se a remessa dos autos à Justiça Comum, prejudicado o exame do recurso ordinário.'*

O Tribunal Superior do Trabalho confirmou a decisão nestes termos:

'RECURSO DE REVISTA. INCOMPETÊNCIA DA JUSTIÇA DO TRABALHO. *A contribuição assistencial da empresa-reclamada em favor do sindicato patronal que não envolve os empregados ou o sindicato profissional, afetando exclusivamente o interesse da entidade beneficiada, não constitui condição normativa de trabalho, ou seja, não cria condições de trabalho para a categoria sindicalizada, resultando na incompetência material da Justiça do Trabalho, conforme OJ n. 290 da SBDI-1,* in verbis: *'Contribuição sindical patronal. Ação de cumprimento. Incompetência da Justiça do Trabalho. Incompetência da Justiça do Trabalho para apreciar lide entre o sindicato patronal e a respectiva categoria econômica, objetivando cobrar a contribuição assistencial'. Recurso de revista não conhecido.'*

O Juiz de Direito substituto da 3ª Vara de Soledade/RS suscitou o conflito negativo de competência. Os autos foram ao Superior Tribunal de Justiça, que os remeteu ao Supremo Tribunal (art. 102, I, 'o').

Opinou o Procurador-Geral da República, Antônio Fernando de Souza, pela competência da Justiça do Trabalho.

Decido.

Ressalto que o caso não guarda semelhança com o da ADIn 3395-MC, (Pleno, Peluso, DJ 19.4.2006).

A 1ª Turma, antes da EC 45/04, decidiu (RE 131.096, Moreira, DJ 29.9.95):

'Competência. Litígio entre Sindicato de trabalhadores e empregador que tem origem no cumprimento de convenção coletiva de trabalho ou acordo coletivo de trabalho.

— Pela jurisprudência desta Corte (assim se decidiu no RE 130.555), não havendo lei que atribua competência à Justiça Trabalhista para julgar relações jurídicas como a em causa, é competente para julgá-la a Justiça Comum.

Sucede, porém, que, depois da interposição do presente recurso extraordinário, foi editada a Lei 8.984, de 07.02.95, que afastou a premissa de que partiu o entendimento deste Tribunal ao julgar o RE 130.555, porquanto o artigo 1º da referida lei dispõe que 'compete à Justiça do Trabalho conciliar e julgar os dissídios que tenham origem no cumprimento de convenções coletivas de trabalho e acordos coletivos de trabalho, mesmo quando ocorram entre sindicatos ou entre sindicato de trabalhadores e empregador'.

E, em se tratando de recurso extraordinário interposto contra acórdão que julgou conflito de competência, não tem sentido que se deixe de aplicar a lei superveniente à interposição desse recurso, para dar-se como competente Juízo que o era antes da citada Lei, mas que deixou de sê-lo com o advento dela.

Recurso extraordinário não conhecido.'

No mesmo sentido, a decisão no RE 140.341 (2ª T, Velloso, DJ, 07.06.96).

A superveniente EC 45/04 dispôs:

'Art. 114. Compete à Justiça do Trabalho processar e julgar:

(...)

III — as ações sobre representação sindical, entre sindicatos, entre sindicatos e trabalhadores, e entre sindicatos e empregadores;'

Realço desse dispositivo constitucional que compete à Justiça especializada o conhecimento das 'ações ... entre sindicatos e empregadores'.

*Essa interpretação foi confirmada pelo Plenário no julgamento do CC 7221 (**Marco Aurélio**, DJ 25.8.06):*

'COMPETÊNCIA DA JUSTIÇA DO TRABALHO — CONTRIBUIÇÃO ASSISTENCIAL — SINDICATO DA CATEGORIA ECONÔMICA — REGÊNCIA CONSTITUCIONAL ANTERIOR À EMENDA CONSTITUCIONAL N. 45/2004. Ante o disposto no artigo 1º da Lei n. 8.984/95, à Justiça do Trabalho já competia julgar ação de sindicato de categoria econômica contra empregador, visando à contribuição assistencial estabelecida em contrato coletivo.

COMPETÊNCIA — CONTRIBUIÇÃO ASSISTENCIAL — SINDICATO DE CATEGORIA ECONÔMICA — EMENDA CONSTITUCIONAL N. 45/2004. A competência da Justiça do Trabalho para processar e julgar ações sobre representação sindical, entre sindicatos, entre sindicatos e trabalhadores e entre sindicatos e empregadores — inciso III do artigo 114 da Constituição Federal, com a redação da Emenda n. 45, de 2004 —, abrange demandas propostas por sindicato de categoria econômica contra empregador, objetivando o reconhecimento do direito à contribuição assistencial.'

A norma, porque relativa à competência, é de aplicação imediata.

Procedente o conflito suscitado, declaro a competência (art. 122, C.Pr.Civil) da Justiça do Trabalho." [2]

---

[2] CC 7.376-4-RS, de 28.8.2006 (Suscitante: Juiz de Direito da 3ª Vara Cível da Comarca de Soledade. Suscitado: Tribunal Superior do Trabalho. Interessados: Sindicato do Comércio Varejista de Combustíveis e Lubrificantes do Estado do Rio Grande do Sul e J. Colussi e Cia. Ltda.). Rel.: Min. Sepúlveda Pertence (DJ n. 170, Seção 1, de 4.9.2006, p. 30).

3. DIRIGENTE SINDICAL. ESTABILIDADE PROVISÓRIA[3]

A extinção da empresa ou fechamento de estabelecimento não importa, por si só, na perda da estabilidade provisória de dirigente sindical, garantida pelo art. 8º, n. VIII, da Constituição. Imperioso ficar provada a ocorrência de fatores de ordem técnica, econômica e/ou financeira. Assim o despacho do Min. Celso de Mello, no AI 454.064-4-PA, de 19.12.2005. Sua ementa assinala, *verbis*:

A decisão tem o seguinte teor:

"DIRIGENTE SINDICAL. ESTABILIDADE PROVISÓRIA. GARANTIA CONSTITUCIONAL (CF, ART. 8º, VIII). EXTINÇÃO DA EMPRESA OU FECHAMENTO DE SEU ESTABELECIMENTO. DOUTRINA. JURISPRUDÊNCIA. OCORRÊNCIA DE FATORES DE ORDEM TÉCNICA, ECONÔMICA E/OU FINANCEIRA. NECESSIDADE DE SUA DEMONSTRAÇÃO PELA EMPRESA INTERESSADA, A QUEM INCUMBE O ÔNUS DA PROVA. RECURSO IMPROVIDO.

O recurso extraordinário — a que se refere o presente agravo de instrumento — insurge-se contra decisão, que, emanada do E. Tribunal Superior do Trabalho, acha-se consubstanciada em acórdão assim ementado (fls. 412):

*'**AÇÃO RESCISÓRIA. ESTABILIDADE PROVISÓRIA. EXTINÇÃO DO ESTABELECIMENTO DA EMPRESA**. Decisão rescindenda **em que se deferiu** ao Reclamante o pagamento dos salários do período de estabilidade, **em função** do exercício de cargo de direção sindical, **entendendo-se que a extinção do estabelecimento do empregador, sem comprovação de motivação de ordem técnica, econômica ou financeira, não o libera do pagamento de uma indenização compensatória. Inexistência de afronta** à literalidade dos arts. 8º, VIII, da Constituição Federal e 543, § 3º, da CLT.' (grifei)*

[3] V., nesta coletânea, v. 4, p. 41 e 43

*O **acórdão** em questão, **ao pronunciar-se** sobre o alcance **do inciso VIII do art. 8º** da Constituição da República, **deu-lhe** correta interpretação, **revelando-se fiel**, na compreensão desse preceito normativo, aos **propósitos visados** pelo legislador constituinte, quando instituiu, **em favor** do dirigente sindical, **a garantia** da estabilidade provisória.*

***Essa estabilidade provisória**, outorgada **em favor** do empregado sindicalizado — **desde** o registro de sua candidatura a cargo de direção **ou** representação sindical, **estendendo-se até 1 (um) ano após o final** do respectivo mandato**, mesmo** na condição de suplente —, **foi reconhecida**, de início, em sede meramente legislativa (**CLT**, art. 543, § **3º**), **vindo**, em momento subseqüente, **a qualificar-se** como direito subjetivo, de índole social, **impregnado de estatura constitucional**, cuja base normativa **repousa** no art. 8º, **inciso VIII**, da Constituição, **que assim dispõe**:*

*'**Art. 8º** É livre a associação profissional ou sindical, **observado** o seguinte:*

....

***VIII — é vedada a dispensa** do empregado sindicalizado **a partir** do registro da candidatura a cargo de direção ou representação sindical e, se eleito, **ainda** que suplente, **até um ano** após o final do mandato, **salvo se cometer falta grave** nos termos da lei.' (**grifei**)*

***Resulta claro**, pois, **do preceito normativo em questão**, que a **garantia constitucional** da estabilidade provisória, **considerada** a situação do dirigente sindical, **reveste-se de evidente função tutelar, eis que objetiva proteger** o empregado sindicalizado — **registrado** como candidato **ou já investido** no mandato sindical — **contra a injusta** ruptura do contrato individual de trabalho, **em ordem a ampará-lo**, presente tal contexto, **contra** a despedida arbitrária **ou** sem justa causa, **assim considerada** — tal como decidiu o Supremo Tribunal Federal (**RTJ 186/83**, Rel. Min. ILMAR GALVÃO) — 'toda despedida **que não se fundar** em falta grave **ou** em motivos técnicos ou de ordem econômico-financeira, **a teor** do disposto nos arts. 482 e 165 da CLT' (**grifei**).*

***Vê-se**, desse modo, **que a estabilidade provisória do dirigente sindical** rege-se por norma constitucional cuja teleologia, **enfatizada pela vocação protetiva** da cláusula em questão, **justifica a própria razão de ser** da norma inscrita **no art. 8º, inciso VIII**, da Constituição da República.*

Impende observar, *no entanto,* ***que a garantia constitucional*** *em questão* ***é relativa***, *a significar que essa* ***especial*** *proteção de ordem jurídico-social* ***deixará*** *de incidir* ***numa única e só hipótese***, *prevista, de modo expresso, pela própria Constituição da República:* ***quando ocorrer a prática***, *pelo empregado/dirigente sindical,* ***de falta grave (CF***, *art. 8º, VIII, 'in fine').*

É certo que o magistério da doutrina *(ARNALDO SÜSSEKIND, DÉLIO MARANHÃO, SEGADAS VIANNA e LIMA TEIXEIRA,* ***"Instituições de Direito do Trabalho"***, *vol. 1/725, 25ª ed., 2005, LTr; LUIZ CARLOS AMORIM ROBORTELLA, '****Estabilidade do Dirigente Sindical. Liberdade Sindical. Limites Legais e Constitucionais****',* ***in*** *'A Transição do Direito do Trabalho no Brasil', p. 112/137,* ***132/133***, *item n. 10, 1999, LTr; SERGIO PINTO MARTINS,* ***"Direito do Trabalho"***, *p. 377, item n. 6.1, 16ª ed., 2002, Atlas,* ***v.g.****)* ***assinala*** *que, em regra,* ***tanto a extinção*** *da empresa* ***quanto o encerramento*** *de suas atividades* ***no âmbito*** *da base territorial do sindicato* ***afastam*** *a incidência da norma de proteção inscrita* ***no inciso VIII*** *do art. 8º da Constituição,* ***precisamente porque reconhece*** *que a estabilidade do dirigente sindical —* ***porque instituída*** *para viabilizar* ***o exercício independente*** *da atividade de representação sindical —* ***traduz*** *prerrogativa da categoria profissional,* ***não se qualificando***, *por isso mesmo,* ***consoante já decidiu*** *esta Corte (****RE 222.334/BA***, *Rel. Min. MAURÍCIO CORRÊA), como garantia de caráter* ***meramente*** *pessoal do empregado-dirigente.*

Cabe advertir, *no entanto, que,* ***tratando-se*** *de cessação das atividades empresariais —* ***seja pelo fechamento*** *do estabelecimento patronal,* ***seja pela extinção*** *da empresa —,* ***nem sempre*** *tal evento* ***autorizará*** *a supressão da garantia constitucional da estabilidade provisória do dirigente sindical.*

É que, ***para que não subsista*** *a proteção deferida pelo art. 8º, VIII, da Constituição,* ***torna-se necessário*** *que o empregador* ***comprove*** *a ocorrência de situação configuradora de força maior,* ***apta a afastar*** *a possibilidade de incidência da mencionada garantia constitucional.*

Tal, *porém,* ***não sucedeu*** *na espécie,* ***como resulta claro*** *dos acórdãos emanados* ***tanto*** *do E. TRT/8ª Região (fls. 172)* ***quanto*** *do E. Tribunal Superior do Trabalho (fls. 412),* ***cabendo destacar***, *no ponto, a decisão proferida pelo órgão de cúpula da Justiça do Trabalho,* ***quando***, *ao examinar a controvérsia ora em análise,* ***pôs em evidência*** *a circunstância — extremamente relevante —* ***de que a mera extinção*** *do estabelecimento do empregador,* ***"sem comprovação*** *de motivação de* *ordem técnica, econômica ou financeira" (fls. 412),* ***não basta*** *para liberar a empresa 'do pagamento de uma indenização compensatória' (fls. 412).*

Não cabe*, agora, ao Supremo Tribunal Federal, em sede recursal extraordinária,* ***reexaminar*** *questão de fato —* ***soberanamente*** *decidida pelo Tribunal ora recorrido (****RTJ 147/330****, Rel. Min. MARCO AURÉLIO —* ***RTJ 153/1019****, Rel. Min. MARCO AURÉLIO —* ***AI 278.646-AgR/SP****, Rel. Min. CELSO DE MELLO,* ***v. g.****) —, para,* ***em função*** *dessa análise,* ***que supõe*** *discussão sobre matéria de caráter* ***eminentemente*** *probatório (****inadmissível*** *no âmbito do apelo extremo), reconhecer demonstrada a ocorrência de fatores de ordem técnica, econômica* ***e/ou*** *financeira que o E. Tribunal Superior do Trabalho* ***reputou não comprovados*** *(fls. 412).*

Sendo assim*, e pelas razões expostas,* ***nego provimento*** *ao presente agravo de instrumento,* ***eis que se revela inviável*** *o recurso extraordinário a que ele se refere.*

Publique-se."[4]

[4] AI 454.064-4-PA, de 19.12.2005 (BRASFLU — Serviços Ltda. *vs.* Antônio João Corrêa de Moraes). Rel.: Min. Celso de Mello (DJ n. 30, Seção 1, de 10.2.2006, p. 28).

4. ESTABILIDADE SINDICAL. DESNECESSIDADE DE REGISTRO NO MINISTÉRIO DO TRABALHO[5]

De acordo com o decidido pela 1ª Turma do Excelso Pretório, no julgamento do RE 234.431-8-SC, a 14.2.2006, em que foi relator o Min. Sepúlveda Pertence, a estabilidade sindical do art. 8º, n. VIII, da Constituição, não está condicionada a registro no Ministério do Trabalho. Tem o seguinte teor:

> *"Estabilidade sindical provisória (CF, art. 8ª, VIII): reconhecimento da garantia a servidora pública municipal no exercício de cargo de dirigente sindical, não condicionada ao registro do sindicato respectivo no Ministério do Trabalho, nem que a servidora goze de estabilidade funcional: precedentes (RE 205.107, Pl., Pertence, DJ 25.9.98; RE 227.635-AgR, 2ª T., Néri, DJ 2.4.2004)."*[6]

---

[5] Sobre registro sindical, v., nesta coletânea, v. 1, p. 49, v. 8, p. 35.

[6] RE 234.431-8-SC, de 14.2.2006 (Município de Imaruí *vs.* Armeli de Oliveira). Rel. Min. Sepúlveda Pertence (DJ n. 53, Seção 1, de 17.3.2006, p. 17).

5. GREVE. SERVIDOR PÚBLICO. COMPETÊNCIA DA JUSTIÇA ESTADUAL[7]

Fixada a incompetência da Justiça do Trabalho, em decorrência do que decidiu ao Excelso Pretório, na ADIn 3.396-6-DF, excluindo da sua competência aquela para apreciar questões envolvendo servidores públicos (art. 114,I, da Constituição, com a Emenda n. 45/2004), o Min. Marco Aurélio, ressalvando seu entendimento pessoal, determinou a permanência, na Justiça estadual, de ação civil pública ajuizada por município paulista sobre movimento grevista de seus servidores. É o seguinte o *decisum* proferido na RECL 4.303-7-SP, a 22.4.2006:

"COMPETÊNCIA — AÇÃO DE MUNICÍPIO CONTRA SINDICATO — MOVIMENTO DE PARALISAÇÃO —INOBSERVÂNCIA DA DECISÃO PROFERIDA NA AÇÃO DIRETA DE INCONSTITUCIONALIDADE N. 3.395-6/DF — LIMINAR DEFERIDA.

1. O Município de Bauru sustenta que o Tribunal de Justiça do Estado de São Paulo, mediante ato do relator do Agravo n. 540.991.5/8-00, deixou de cumprir o que decidido por esta Corte na Ação Direta de Inconstitucionalidade n. 3.395-6/DF, quando afastada interpretação do inciso I do artigo 114 da Carta Federal, considerada a redação decorrente da Emenda Constitucional n. 45/2004, incluindo, na competência da Justiça do Trabalho, a "apreciação ... de causas que ... sejam instauradas entre o Poder Público e seus servidores, a ele vinculados por típica relação de ordem estatutária ou de caráter jurídico-administrativo". O reclamante informa que os prestadores de serviços municipais estão regidos por legislação especial e que, ajuizada ação civil pública contra o sindicato, objetivando o afastamento do movimento de paralisação, logrou, em primeira instância, medida acauteladora, atacada por meio do agravo.

---

[7] Sobre greve no serviço público, v., nesta coletânea, v. 1, p. 86, v. 2, p. 90, v. 6, p. 59, v. 7, p. 41, v. 9, p. 110.

Requer a concessão de liminar suspendendo a eficácia do ato impugnado, com o restabelecimento do que assentado pelo Juízo. O pleito final visa ao reconhecimento da competência da Justiça comum.

2. Procede o inconformismo do Município. O Pleno ratificou a liminar deferida na Ação Direta de Inconstitucionalidade n. 3.395-6/DF, oportunidade em que fiquei vencido. A esta altura, prevalece a óptica da sempre ilustrada maioria no sentido de não competir à Justiça do Trabalho, em que pese à Emenda Constitucional n. 45/2004, julgar conflitos de interesses que envolvam prestadores de serviços e empregador pessoa jurídica de direito público, estando a relação jurídica submetida a normas especiais. No caso, não torna inadequado tal enfoque a circunstância de ação civil pública ajuizada pelo Município ter como réu o Sindicato dos Servidores Públicos Municipais de Bauru e Região, acionado na condição de substituto processual, em vista da greve dos servidores.

3. Ressalvando o entendimento pessoal sobre a matéria de fundo, defiro a medida acauteladora e suspendo, até a decisão final desta reclamação, a eficácia do pronunciamento ocorrido no Agravo de Instrumento n. 540.991.5/8-00, que se encontra à folha 65 à 69, restabelecendo, por via de conseqüência, a tutela formalizada no Processo n. 1.178/06, em curso na Vara da Fazenda Pública da Comarca de Bauru.

4. Dêem conhecimento desta reclamação ao Sindicato interessado.

5. O ato atacado contém os dados necessários à percepção do tema, ficando dispensadas informações.

6. Com a manifestação do Sindicato, colham o parecer do Procurador-Geral da República, ante a competência do Tribunal Pleno.

7. Publiquem."[8]

---

[8] RECL 4.303-7-SP, de 22.4.2006 (Município de Bauru *vs.* Relator do Agravo de Instrumento n. 5409915/8-00 do Tribunal de Justiça de São Paulo. Interessado: Sindicato dos Servidores Públicos Municipais de Bauru e Região). Rel.: Min. Marco Aurélio (DJ n. 84, Seção 1, de 4.5.2006, p. 27. No mesmo sentido: MC EM RECL 4014-3-TO, de 22.12.2005 (Município de Palmas *vs.* Relator do Agravo de Instrumento n. 6252/05 do Tribunal de Justiça do Estado do Tocantins. Interessado: Eriko Marvão Monteiro e outro (a/s)). Rel.: Min. Carlos Velloso (DJ n. 23, Seção 1, de 1.2.2006, pp. 53-4).

6. PODER NORMATIVO. LIMITES. CLÁUSULAS EXORBITANTES[9]

Da lavra do Min. Cezar Peluso a decisão proferida no RE 109.723-0-RS, de 14.3.2006, demonstra a necessidade de agir a Justiça do Trabalho com necessária cautela a fim de não permitir que seja extinto em caráter definitivo o seu poder normativo, uma das maiores conquistas dos trabalhadores deste país, em decorrência da fragilidade da maioria dos sindicatos profissionais brasileiros. Cláusulas como *abono de uma falta por ano, estabilidade provisória ao empregado às vésperas da aposentadoria* e *prazo para pagamento das verbas rescisórias, sob pena de multa*, foram excluídas. É lamentável que isso venha a ocorrer, mas é imperioso que o Judiciário trabalhista atue com maior cautela para preservar essa conquista sobretudo dos trabalhadores mais fragilizados.

"1. Trata-se de recurso extraordinário interposto contra acórdão do Tribunal Superior do Trabalho que manteve as cláusulas 23ª, 19ª e 20ª de acordo coletivo de trabalho celebrado entre empresas e sindicato de empregados de Porto Alegre, e relativas, respectivamente, a 'abono de uma falta por ano', 'estabilidade provisória ao empregado às vésperas da aposentadoria' e 'prazo para pagamento das verbas rescisórias, sob pena de multa'.

Sustenta o recorrente, com fundamento no art. 102, III, ***a****, ter havido violação ao art. 142, § 1º, da Constituição Federal de 1967, com a redação que lhe deu a Emenda Constitucional n. 1/69.*

2. Consistente o recurso.

O acórdão recorrido manteve decisão que homologou acordo em dissídio coletivo, com vigência até 1º de outubro de 1984, nos seguintes termos do voto condutor:

(...)

[9] V., nesta coletânea, v. 1, p. 74.

'<u>Abono de uma falta por ano</u>.

<u>Cláusula vigésima terceira</u>: O empregado com 1 (um) ano ou mais de serviço poderá faltar 1 (um) dia por ano, sem prejuízo do salário e das férias.

É útil e necessária a cláusula, pois possibilita a retirada, pelo empregado, do PIS.

Nego provimento.

(...)

<u>Estabilidade provisória ao empregado às vésperas da aposentadoria</u>.

<u>Cláusula décima nona</u>:

As empresas não poderão dispensar seus empregados optantes pelo regime do FGTS, durante os 12 (doze) meses imediatamente anteriores à aquisição do direito à aposentadoria por tempo de serviço ressalvados os casos de acordo. Adquirido o direito, extingue-se a estabilidade.

A cláusula é útil, necessária e pré-existente (cláusula décima quinta, fl. 24).

Nego provimento.

(...)

<u>Prazo para pagamento das verbas rescisórias, sob pena de multa</u>.

<u>Cláusula vigésima</u>: As empresas se obrigam a pagar os direitos rescisórios em até 10 (dez) dias após o término do aviso prévio, sob pena de pagar a este uma multa diária equivalente ao salário-dia, por dia de atraso, até a data do cumprimento dessa cláusula.

Dou provimento ao recurso para adaptar a cláusula à jurisprudência desta Corte: Impor a multa pelo não pagamento das verbas rescisórias até o décimo dia útil subseqüente ao afastamento definitivo do empregado, por dia de atraso, no valor equivalente ao salário diário, desde que o retardamento não decorra de culpa do trabalhador.'

Ora, nenhuma dessas cláusulas normativas, mantidas e homologadas pelo acórdão impugnado, encontra suporte legal contemporâneo à data da decisão e da interposição do recurso, de modo que é vistosa a exorbitância da competência normativa da Justiça do Trabalho, objeto de delimitação no art. 142, § 1º, da Carta de 1967-1969.

*É o que, em casos análogos, já reconheceu a Corte, como se vê ao julgamento do **RE n. 114.836** (Rel. Min. **MAURÍCIO CORRÊA**, DJ de 06.03.98):*

'RECURSO EXTRAORDINÁRIO. TRABALHISTA. DISSÍDIO COLETIVO. AUSÊNCIA DE PREVISÃO LEGAL PARA CLÁUSULAS DEFERIDAS. PODER NORMATIVO DA JUSTIÇA DO TRABALHO: LIMITES NA LEI.

1. A jurisprudência da Corte é no sentido de que as cláusulas deferidas em sentença normativa proferida em dissídio coletivo só podem ser impostas se encontrarem suporte na lei.

2. Sempre que a Justiça do Trabalho editar regra jurídica, há de apontar a lei que lho permitiu. Se o caso não se enquadra na classe daqueles que a especificação legal discerniu, para dentro dela se exercer a sua atividade normativa, está a Corte Especializada a exorbitar das funções constitucionalmente delimitadas.

3. A atribuição para resolver dissídios individuais e coletivos, necessariamente in concreto, de modo algum lhe dá a competência legiferante.

Recurso extraordinário conhecido e provido.'

*Veja-se ainda o precedente relatado pelo Min. **SEPÚLVEDA PERTENCE**, no julgamento do **RE n. 108.925** (DJ de 31.03.04), e do qual transcrevo:*

*'A questão é anterior à Constituição de 1988. A jurisprudência assentada por esta Suprema Corte é no sentido de que não há suporte legal para a atribuição das referidas vantagens em dissídio coletivo. São vários os julgados, entre eles, v. g. RE 93.558, **Cordeiro Guerra**, 2ª T., DJ 26.02.82; RE 97.204, **Soares Muñoz**, 1ª T., DJ 27.06.82; RE 94.539, **Néri da Silveira**, 1ª T., DJ 29.06.84; RE 102.959, **Aldir Passarinho**, 2ª T., DJ 26.08.85; RE 98.380, **Aldir Passarinho**, 2ª T., DJ 18.04.86; RE 94.885, **Néri da Silveira**, 1ª T, DJ 27.02.87; e RE 98.055, **Aldir Passarinho**, 2ª T., DJ 26.06.85, este último com a seguinte ementa:*

'<u>Trabalhista. Dissídio coletivo. Cláusulas incluídas na decisão normativa, em dissídio coletivo, sem amparo legal</u>. Subsistindo, para o exame do recurso extraordinário, apenas aqueles itens em relação aos quais foi prequestionado tema constitucional: o do princípio da reserva legal, pelo que apenas o apelo extremo do UNIBANCO pode ser preliminarmente conhecido, e referente à inclusão de cláusulas concessivas de gratificação

anual, qüinqüênios, auxílio alimentação e feriado ('Dia do Securitário'), cabe excluírem-se as relativas à gratificação anual, aos qüinqüênios — embora possa se tratar apenas de majorações — e à concessão de feriado sob o título de 'Dia do Securitário', por absoluta falta de suporte legal para a atribuição de tais vantagens."

2. Ante o exposto, nos termos do art. 557, § 1º-A, do CPC, dou provimento ao recurso extraordinário, para excluir as cláusulas 23ª, 19ª e 20ª da decisão que homologou o acordo.

Publique-se. Int.."[10]

---

[10] RE 109.723-0-RS, de 14.3.2006 (UNIBANCO — Distribuidora de Títulos e Valores Mobiliários Ltda. *vs.* Sindicato dos Empregados em Empresas de Seguros Privados e Capitalização e de Agentes Autônomos de Seguros Privados e de Crédito de Porto Alegre). Rel.: Min. Cezar Peluso (DJ n. 59, Seção 1, de 27.3.2006, pp. 51-2).

7. SUBSTITUIÇÃO PROCESSUAL. ALCANCE DO ART. 8º, III, DA CR/88[11]

A substituição processual de que trata o art. 8º, n. III, da Constituição é ampla. Certamente uma grande conquista do sindicalismo brasileiro, e o Excelso Pretório interpretou o verdadeiro objetivo do Constituinte de 1988. É a seguinte a informação a respeito do RE 214.668-4-ES, relatado pelo Min. Joaquim Barbosa:

> *"Concluído julgamento de uma série de recursos extraordinários nos quais se discutia sobre o âmbito de incidência do inciso III do art. 8º da CF/88 ('ao sindicato cabe a defesa dos direitos e interesses coletivos ou individuais da categoria, inclusive em questões judiciais e administrativas;') — v. Informativos 84, 88, 330 e 409. O Tribunal, por maioria, na linha da orientação fixada no MI 347/SC (DJU de 8.4.94), no RE 202063/PR (DJU de 10.10.97) e no AI 153148 AgR/PR (DJU de 17.11.95), conheceu dos recursos e lhes deu provimento para reconhecer que o referido dispositivo assegura ampla legitimidade ativa* ad causam *dos sindicatos como substitutos processuais das categorias que representam na defesa de direitos e interesses coletivos ou individuais de seus integrantes. Vencidos, em parte, os Ministros Nelson Jobim, Cezar Peluso, Eros Grau, Gilmar Mendes e Ellen Gracie, que conheciam dos recursos e lhes davam parcial provimento, para restringir a legitimação do sindicato como substituto processual às hipóteses em que atuasse na defesa de direitos e interesses coletivos e individuais homogêneos de origem comum da categoria, mas apenas nos processos de conhecimento, asseverando que, para a liquidação e a execução da sentença prolatada nesses processos, a legitimação só seria possível mediante representação processual, com expressa autorização do trabalhador."*[12]

---

[11] V., nesta coletânea, v. 1, p. 55, v. 7, p. 46.

[12] RE 2124.668-4-ES, de 12.6.2006 (Sindicato dos Empregados em Estabelecimentos Bancários no Estado do Espírito Santo *vs.* Banco Rural S/A). Relator: Min. Joaquim Barbosa (DJ n. 117, de 21.6.2006, pp.5-6). Registro transcrito do Informativo STF n. 431, p. 1.

8. UNICIDADE SINDICAL[13]

A. CATEGORIA DIFERENCIADA

No julgado a seguir, da lavra do Min. Celso de Mello, a situação examinada é de tentativa de desmembramento de entidade sindical. Valeu-se o Relator do fato de que a mesma lei criou as profissões de contador e técnico em contabilidade, donde não são categorias diferenciadas, pena de ser violado o princípio da unicidade sindical, consagrado no art. 8º, n. II, da Constituição de 1988. É o que consta do RE 291.822-9-RS, de 17.3.2006, *verbis*:

*"Trata-se **de recurso extraordinário** interposto contra acórdão, que, **emanado** do E. Tribunal de Justiça do Estado do Rio Grande do Sul, **reconheceu ser**, a parte ora recorrida, "(...) o único representante sindical da categoria dos contadores, dentro da sua base territorial (...)" **(fls. 558)**.*

***Sustenta-se**, na presente sede recursal, que o Tribunal de Justiça local **teria transgredido** preceitos inscritos na Constituição da República.*

*O Ministério Público Federal, **em parecer** da lavra da ilustre Subprocuradora-Geral da República, Dra. HELENITA CAIADO DE ACIOLI, **ao opinar pelo conhecimento e provimento** do apelo extremo, **assim resumiu e expôs** a controvérsia instaurada **nesta** sede recursal **(fls. 1.333, 1.337/1.341)**:*

*'**RECURSO EXTRAORDINÁRIO. CRIAÇÃO DE NOVO SINDICATO** NA MESMA BASE TERRITORIAL. **PLURALISMO SINDICAL. AFRONTA** AO ART. 8º, DA LEI MAIOR. **DESMEMBRAMENTO** DE CATEGORIA DIFERENCIADA. **DECRETO-LEI 9.295/96. REGISTRO** DO ATO CONSTITUTIVO ARQUIVADO NO MINISTÉRIO DO TRABALHO. **PRECEDENTES** DA SUPREMA CORTE.*

***Parecer** pelo conhecimento **e** provimento do recurso.*

....

[13] V., nesta coletânea, v. 1, p. 52, v. 2, p. 92, v. 3, p. 67.

*14. **Segundo estabelece** o art. 5º, inciso XVII, da Constituição Federal 'é plena a liberdade de associação para fins lícitos, vedada a de caráter paramilitar' e o inciso XVIII garante que 'a criação de associações e, na forma da lei, a de cooperativas independem de autorização, sendo vedada a interferência estatal em seu funcionamento'. Mais adiante, o inciso XX preconiza que 'ninguém poderá ser compelido a associar-se ou a permanecer associado'.*

*15. **Como se vê**, a Constituição Federal de 1988 consagrou no Capítulo 'Dos Direitos e Deveres Individuais e Coletivos' a regra da plena liberdade de associação para fins lícitos e, como caso especial, outra correspondente à da liberdade profissional e sindical (CF; art. 8º).*

*16. **Com efeito**, a ampla liberdade de associação profissional ou sindical constitui princípio geral, determinando o art. 8º, incisos I e II da Constituição Federal o registro dos atos constitutivos da entidade no órgão competente e a observância da unicidade sindical, ao dispor, 'in verbis':*

***'art. 8º**...*

***I — a lei não poderá exigir a autorização do Estado** para a fundação do sindicato, ressalvado o registro no órgão competente, vedadas ao Poder Público a interferência e a intervenção na organização sindical;*

***II — é vedada a criação de mais** de uma organização sindical, **em qualquer grau**, representativa de categoria profissional **ou** econômica, **na mesma base territorial**, em que será definida pelos trabalhadores ou empregados interessados, **não podendo** ser inferior à área de um município'.*

*17. **Acresce notar** que, **segundo entendimento** esposado pela Excelsa Corte, **somente** o Ministério do Trabalho tem condições de avaliar, com base nos dados contidos em seus arquivos, a observância desses requisitos (**nesse sentido: RE — 146822**, Segunda Turma, eminente Ministro Relator **PAULO BROSSARD, 'in' DJ** de 15.04.94, pp. 05049, dentre outros).*

*18. **Postas essas considerações, verifica-se**, primeiramente, **que o acórdão recorrido, ao decidir** que 'o registro de ato constitutivo de entidades sindicais far-se-á no ofício do Registro Civil das Pessoas jurídicas' (fls. 556), **contrariou o entendimento** do Supremo Tribunal Federal.*

*19. **Por outro lado**, a decisão impugnada **inobservou a regra inscrita no inciso II do art. 8º**, da Lei Maior, **já que***

***o técnico em contabilidade faz parte da categoria geral de contadores** por força do art. 2º do Decreto-lei 9.295/46, **que regulamenta** atividade profissional na área contábil, **cujo teor se reproduz**: 'A fiscalização de exercício da profissão de contabilista, assim entendendo-se os profissionais habilitados como contadores e técnicos em contabilidade...'.*

*20. **O fato do acórdão recorrido** ter decidido que para o contador se exige, necessariamente, diploma de curso superior e para o técnico em contabilidade apenas o de nível médio, cada um com atribuições exclusivas, o que tornaria viável a criação de um novo sindicato deste último, não parece a melhor exegese do art. 2º do Decreto-lei 9.295/46, **uma vez que inexistem**, na espécie, **duas categorias** de trabalhadores **que possam ensejar** o seu fracionamento. **Destarte**, a profissão ora em análise **tem que ser vista** pelo gênero e não pela especialidade porquanto ambas fazem parte do ramo das ciências contábeis.*

*21. **Sobreleva notar**, ainda, o disposto no art. 511, § 3º, da CLT, **recepcionado** pela Constituição Federal, **que define** a categoria profissional diferenciada como sendo a que se forma de empregados que exerçam profissões ou funções diferenciadas em razão de estatuto profissional especial **ou** em conseqüência de condições de vida singulares.*

*22. **Ora, considerando que a profissão de contador** constitui uma categoria única, com regulamento próprio, **dela fazendo** parte, como visto, **os técnicos em contabilidade**, seria inviável o seu desdobramento sem ofensa ao princípio da unicidade sindical.*

*23. **À toda evidência**, a criação **de um novo** sindicato, o Sindicato dos Técnicos de Contabilidade, **na mesma base territorial, levaria ao pluralismo sindical**, tão nocivo aos interesses dos trabalhadores, haja vista o enfraquecimento da categoria em relação ao sindicato patronal.*

*24. **A propósito do tema**, vale destacar o acórdão proferido pelo eminente Ministro **MARCO AURÉLIO**,* in verbis:

*'**Criação por desmembramento — Categoria diferenciada**. A organização sindical pressupõe a representação de categoria econômica ou profissional. **Tratando-se de categoria diferenciada**, definida à luz do disposto no § 3º do art. 511 da Consolidação das Leis do Trabalho, **descabe cogitar de desdobramento**, por iniciativa dos interessados, **consideradas** as funções exercidas pelos sindicalizados. O disposto no*

*parágrafo único do art. 570 do referido Diploma aplica-se às hipóteses de existência de categorias similares ou conexas e não de categoria diferenciada, muito embora congregando trabalhadores e empregadores diz respeito à base territorial do sindicato — artigo 8º, inciso II, da Constituição Federal e não à categoria em si, que resulta das peculiaridades da profissão ou da atividade econômica, na maioria das vezes regida por lei especial, como ocorre em relação aos aeronautas. Mostra-se contrária ao princípio da unicidade sindical a criação de ente que implique desdobramento de categoria disciplinada em lei como única (...)' (**RTJ** 137/1131)*

***Isto posto**, o parecer **é pelo conhecimento e provimento** do recurso.' (**grifei**)*

***Passo a apreciar** a postulação recursal ora deduzida **na presente** causa. **E**, ao fazê-lo, **entendo assistir plena razão** à douta Procuradoria-Geral da República, **quando sustenta** que o v. acórdão **emanado** do E. Tribunal de Justiça local **transgrediu** o art. 8º, **incisos** I **e** II, da Constituição da República.*

***Cumpre assinalar**, desde logo, **o fato** de que o Tribunal ora recorrido — **ao decidir** que 'O registro do ato constitutivo de entidades sindicais faz-se no Ofício do Registro Civil das Pessoas Jurídicas' (fls. 556), **mostrando-se desnecessária**, em conseqüência, a efetivação ulterior **desse mesmo** ato registral no Ministério do Trabalho (fls. 556/558) — **dissentiu**, frontalmente, **do entendimento jurisprudencial prevalecente** no Supremo Tribunal Federal, **cuja orientação**, no tema, **firmada** em 1992 (**MI 144/SP**, Rel. Min. SEPÚLVEDA PERTENCE, **RTJ** 147/868-869), **tem sido observada em sucessivos julgamentos** proferidos **por esta** Suprema Corte (**RTJ 152/782**, Rel. Min. CELSO DE MELLO — **RTJ 153/273-274**, Rel. Min. PAULO BROSSARD — **RTJ 159/661**, Rel. Min. SEPÚLVEDA PERTENCE — **MI 388/SP**, Rel. Min. NÉRI DA SILVEIRA — **RE 146.822-EDv-AgR/DF**, Rel. Min. MOREIRA ALVES), **valendo referir**, no ponto, **a decisão** do Supremo **consubstanciada** em acórdão assim ementado:*

'<u>REGISTRO SINDICAL E LIBERDADE SINDICAL</u>.

*— A **jurisprudência** do Supremo Tribunal Federal, **ao interpretar** a norma inscrita **no art. 8º**, **I**, da Carta Política — **e tendo presentes as várias posições** assumidas pelo magistério doutrinário (**uma**, que sustenta a suficiência do registro da entidade sindical no Registro Civil das Pessoas Jurídicas; **outra**, que se satisfaz com o registro personificador no Minis-*

tério do Trabalho ***e a última****, que exige* ***o duplo registro****:* ***no Registro Civil*** *das Pessoas Jurídicas,* ***para efeito*** *de aquisição da personalidade meramente civil,* ***e no Ministério do Trabalho, para obtenção*** *da personalidade sindical) —,* ***firmou orientação*** *no sentido de que* ***não ofende*** *o texto da Constituição a exigência de registro sindical no Ministério do Trabalho,* ***órgão este*** *que, sem prejuízo de regime diverso passível de instituição pelo legislador comum,* ***ainda continua*** *a ser o órgão estatal incumbido de atribuição normativa para proceder à efetivação do ato registral.* ***Precedente*** *(...).*

— ***O registro sindical*** *qualifica-se como ato administrativo* ***essencialmente*** *vinculado,* ***devendo ser praticado*** *pelo Ministro do Trabalho,* ***mediante*** *resolução fundamentada, sempre que,* ***respeitado*** *o postulado da unicidade sindical* ***e observada*** *a exigência de regularidade, autenticidade e representação, a entidade sindical interessada* ***preencher****, integralmente,* ***os requisitos*** *fixados pelo ordenamento positivo e por este considerados como necessários à formação dos organismos sindicais.' (****RTJ 159/413-414****, Rel. Min. CELSO DE MELLO,* ***Pleno****)*

Essa orientação jurisprudencial, ***hoje consagrada*** *no enunciado* ***constante*** *da Súmula 677/STF,* ***de que claramente divergiu*** *o Tribunal de Justiça ora recorrido,* ***nada mais reflete*** *senão o reconhecimento de que,* ***embora*** *a entidade sindical* ***possa*** *constituir-se* ***independentemente*** *de prévia autorização governamental —* ***eis que é plena*** *a sua autonomia jurídico-institucional em face do Estado (****CF****, art. 8º, I) —, a Constituição* ***não vedou*** *a participação estatal no procedimento administrativo de efetivação, mediante ato vinculado, do registro sindical.*

O eminente Ministro XAVIER DE ALBUQUERQUE, O eminente Ministro XAVIER DE ALBUQUERQUE, ***em magnífico estudo*** *sobre essa especial questão jurídica (****LTr****, vol. 53/11, p. 1.273/1.285),* ***após resenhar as várias posições*** *assumidas pela doutrina —* ***uma****, sustentando a suficiência do registro da entidade sindical no Registro Civil das Pessoas Jurídicas;* ***outra****, satisfazendo-se apenas com o registro personificador no Ministério do Trabalho* ***e a última,*** *exigindo* ***duplo registro****: no Registro Civil das Pessoas Jurídicas,* ***para efeito*** *de aquisição da personalidade meramente civil, e no Ministério do Trabalho,* ***para obtenção*** *da personalidade sindical —,* ***expendeu magistério definitivo*** *a propósito do tema,* ***enfatizando****, com absoluta correção,* ***com apoio*** *nas lições,* ***dentre outros****, de AMAURI MASCARO NASCIMENTO ("****Organização Sindical na Perspectiva da Constituição****",* in ***LTr****, vol. 52/1, p. 5-15), de OCTAVIO BUENO*

*MAGANO ('**A Organização Sindical na Nova Constituição**', 'in" **LTr**, vol. 53/1, p. 38-43)* **e** *de EDUARDO GABRIEL SAAD ("**Constituição e Direito do Trabalho**', p. 178-179 e 226, 1989), **que a necessidade** do registro sindical **não se expõe** à cláusula constitucional **que proíbe** a exigência da autorização estatal para que se possam fundar organismos sindicais.*

***Vê-se**, pois, **considerado esse primeiro aspecto** da controvérsia constitucional em exame, que o acórdão ora questionado **na presente** sede recursal extraordinária **não pode** subsistir.*

***Há**, ainda, no entanto, **um outro fundamento** cujo relevo jurídico-constitucional **foi bem ressaltado** pela douta Procuradoria-Geral da República (fls. 1.339/1.340)*

*'**19. Por outro lado**, a decisão impugnada **inobservou a regra inscrita no inciso II do art. 8º**, da Lei Maior, **já que o técnico em contabilidade faz parte da categoria geral de contadores** por força do art. 2º do Decreto-lei 9.295/46, **que regulamenta** atividade profissional na área contábil, **cujo teor se reproduz**: 'A fiscalização de exercício da profissão de contabilista, assim entendendo-se os profissionais habilitados como contadores e técnicos em contabilidade...'.*

***20. O fato do acórdão recorrido** ter decidido que para o contador se exige, necessariamente, diploma de curso superior e para o técnico em contabilidade apenas o de nível médio, cada um com atribuições exclusivas, o que tornaria viável a criação de um novo sindicato deste último, não parece a melhor exegese do art. 2º do Decreto-lei 9.295/46, **uma vez que inexistem**, na espécie, **duas categorias** de trabalhadores **que possam ensejar** o seu fracionamento. **Destarte**, a profissão ora em análise **tem que ser vista** pelo gênero e não pela especialidade porquanto ambas fazem parte do ramo das ciências contábeis.*

***21. Sobreleva notar**, ainda, o disposto no art. 511, § 3º, da CLT, **recepcionado** pela Constituição Federal, **que define** a categoria profissional diferenciada como sendo a que se forma de empregados que exerçam profissões ou funções diferenciadas em razão de estatuto profissional especial **ou** em conseqüência de condições de vida singulares.*

22. Ora, considerando que a profissão de contador** constitui uma categoria única, com regulamento próprio, **dela

fazendo *parte, como visto,* ***os técnicos em contabilidade****, seria inviável o seu desdobramento sem ofensa ao princípio da unicidade sindical.*

23. ***À toda evidência****, a criação* ***de um novo*** *sindicato, o Sindicato dos Técnicos de Contabilidade,* ***na mesma base territorial****,* ***levaria ao pluralismo sindical****, tão nocivo aos interesses dos trabalhadores, haja vista o enfraquecimento da categoria em relação ao sindicato patronal." (****grifei****)*

Como ***precedentemente*** *salientado,* ***assiste plena razão*** *ao Ministério Público Federal* ***também na passagem*** *de seu douto pronunciamento,* ***na qual reconhece vulnerada*** *a cláusula inscrita* ***no inciso II*** *do art. 8º da Constituição da República.*

Com efeito, ***sustenta-se****, nesta sede recursal, que,* ***tratando-se*** *de contador* ***e*** *de técnico em contabilidade* ***vinculados*** *a uma* ***mesma*** *entidade fiscalizadora (o Conselho Regional de Contabilidade),* ***tornar-se-á infringente*** *do princípio da unicidade sindical* ***o ato*** *que objetivar a constituição de entidade representativa* ***somente dos contadores****, estruturada em base territorial* ***na qual já atue****, como sucede no caso, organismo sindical que represente os integrantes da categoria dos Contabilistas,* ***gênero*** *de que são espécies os contadores* ***e*** *os técnicos em contabilidade.*

Cabe ter presente*, neste ponto,* ***o que dispõe*** *o DL n. 9.295/46, que,* ***ao regulamentar*** *a atividade profissional na área contábil,* ***expressamente prescreveu*** *que a* ***profissão de contabilista — que constitui*** *categoria profissional diferenciada (****CLT****, art. 511, § 3º) —* ***abrange*** *'os profissionais habilitados como contadores* ***e*** *técnicos em contabilidade (...)' (art. 2º —* ***grifei****).*

Esse dado particular *— vale dizer, a circunstância de o profissional contabilista (****que compreende tanto*** *o contador* ***quanto*** *o técnico em contabilidade)* ***constituir*** *uma categoria profissional diferenciada,* ***legalmente disciplinada como única*** *(****DL 9.295/46****, art. 2º) —* ***assume relevo jurídico*** *na resolução da presente controvérsia,* ***pois*** *o Supremo Tribunal Federal,* ***ao versar*** *o tema concernente à criação de organização sindical,* ***na hipótese de categoria profissional diferenciada, e tendo em perspectiva*** *o postulado constitucional da unicidade sindical,* ***assim decidiu*** *tal questão (****RTJ 137/1131****, Rel. Min. MARCO AURÉLIO):*

*'****Criação por desmembramento — Categoria diferenciada****. A organização sindical pressupõe a representação de*

categoria econômica ou profissional. ***Tratando-se de categoria diferenciada****, definida à luz do disposto no § 3º do artigo 511 da Consolidação das Leis do Trabalho,* ***descabe*** *cogitar de desdobramento, por iniciativa dos interessados, consideradas as funções exercidas pelos sindicalizados.* ***O disposto no parágrafo único do artigo 570*** *do referido Diploma* ***aplica-se*** *às hipóteses de existência de categorias similares ou conexas* ***e não de categoria diferenciada****, muito embora congregando trabalhadores que possuem funções diversas. A definição atribuída aos trabalhadores e empregadores diz respeito à base territorial do sindicato — artigo 8º, inciso II, da Constituição Federal e não à categoria em si, que resulta das peculiaridades da profissão ou da atividade econômica, na maioria das vezes regida por lei especial, como ocorre em relação aos aeronautas.* ***Mostra-se contrária ao princípio da unicidade sindical a criação de ente que implique desdobramento de categoria disciplinada em lei como única*** *(...).' (****grifei****)*

Cumpre não desconhecer*, no ponto,* ***ante a pertinência*** *de sua aplicabilidade ao caso,* ***a advertência*** *emanada desta Suprema Corte,* ***no sentido*** *de que 'A* ***inviabilidade*** *do surgimento de sindicato específico* ***corre à conta*** *das chamadas* ***categorias diferenciadas****, no que submetidas a* ***estatuto único****, considerada a prestação de serviços (...)' (****RTJ 176/943****, Rel. Min. MARCO AURÉLIO —* ***grifei****).*

Se é certo *que,* ***em princípio****, a lei* ***não pode*** *impedir a criação e o surgimento de* ***novas*** *entidades sindicais,* ***considerada*** *a cláusula constitucional que consagra a liberdade de associação (****CF****, art. 8º,* caput*),* ***não é menos exato*** *— consoante proclamou o Supremo Tribunal Federal (****RTJ 129/1045****, Rel. Min. CÉLIO BORJA —* ***RTJ 153/273-274****, Rel. Min. PAULO BROSSARD) — que o direito de associação* ***sofre as restrições*** *ditadas pelo postulado da unicidade sindical (****CF****, art. 8º, II),* ***de tal modo*** *que,* ***havendo*** *duas entidades sindicais* ***referentes*** *à mesma categoria profissional,* ***com identidade*** *de base territorial, como sucede na espécie,* ***deverá prevalecer*** *aquela* ***primeiramente*** *constituída* ***e titular*** *de registro sindical efetivado* ***em momento anterior*** *(****RTJ 180/1104-1105****, Rel. Min. NELSON JOBIM),* ***em ordem a prestigiar*** *a fórmula segundo a qual* prior in tempore, potior in jure*.*

Sendo assim*, pelas razões expostas,* ***e acolhendo****, ainda,* ***o parecer*** *da douta Procuradoria-Geral da República (fls. 1.333/*

1.341), ***conheço*** *do presente recurso extraordinário,* ***para dar-lhe*** *provimento (****CPC****, art. 557, § 1º — A),* ***em ordem a julgar procedente*** *a ação ordinária ajuizada pela parte ora recorrente,* ***invertidos*** *os ônus da sucumbência.*

Publique-se."[14]

B. DESMEMBRAMENTO. POSSIBILIDADE[15]

Foi admitido o extraordinário para o Pleno do STF examinar o alcance do princípio da unicidade sindical. A visão, neste caso, é sobre a possibilidade de desmembramento, para surgir um sindicato de âmbito municipal, quando já existente sindicato mais abrangente, de âmbito estadual. A decisão é do Min. Marco Aurélio, de 22.4.2006, no AI 522.830-4-RJ, *verbis*:

"UNICIDADE SINDICAL — DESMEMBRAMENTO DE SINDICATO CONSIDERADA A BASE TERRITORIAL — TEMA A MERECER PACIFICAÇÃO MEDIANTE JULGAMENTO DE COLEGIADO DO SUPREMO.

1. O Superior Tribunal de Justiça acolheu pedido formulado em recurso especial, ante fundamentos assim sintetizados (folha 28):

CONSTITUCIONAL — SINDICATO — DESMEMBRAMENTO — BASE TERRITORIAL — CF, ART. 8º, I E II — PRECEDENTES.

— A Constituição Federal assegura a liberdade de associação profissional e sindical, desde que respeitada a base territorial.

— O princípio da unicidade sindical tem a finalidade de impedir que mais de um sindicato represente o mesmo grupo profissional; o desmembramento de profissionais de categorias associadas para formação de novo sindicato que melhor as represente e melhor atenda a seus interesses específicos, é conseqüência da liberdade sindical, eliminando a interferência do Estado sobre a conveniência ou oportunidade do desmembramento.

— Recurso especial conhecido e provido.

---

[14] RE 291.822-9-RS, de 17.3.2006 (Federação dos Contabilistas do Estado do rio Grande do Sul e outros *vs*. Sindicato dos Contadores do Estado do Rio Grande do Sul — SINDICONTAS/RS). Rel. Min. Celso de Mello (DJ n. 61, Seção 1, de 29.3.2006, pp. 61-2).

[15] V., nesta coletânea, v. 3, pp. 64 e 65, v. 4, pp. 50, 51, 57, v. 6, p. 67, v. 9, p. 30.

Os embargos de declaração que se seguiram foram desprovidos mediante o acórdão de folha 71 a 76.

No extraordinário cujo trânsito busca alcançar, o Sindicato dos Hospitais e Estabelecimentos de Serviços de Saúde no Estado do Rio de Janeiro articula com a transgressão do artigo 8º, inciso II, da Constituição Federal. Em síntese, alega que, 'uma vez ocupada determinada área territorial por um sindicato representante de determinada categoria econômica ou profissional, este será o único detentor de legitimidade para representação dos interesses de sua categoria' (folha 88). Entende que tal interpretação não colide com a liberdade sindical, pois o alcance desse conceito 'não ultrapassa os limites traçados na própria Constituição, entre os quais, a unicidade sindical' (folha 88). Afirma que a própria legitimidade para representar os interesses da categoria no Município do Rio de Janeiro está consolidada desde antes da vigência da atual Carta da República. Evoca precedentes jurisprudenciais (folha 78 a 91).

O Juízo primeiro de admissibilidade assentou referir-se a questão de fundo à interpretação e aplicação de norma infraconstitucional relativa ao âmbito de atuação de cada sindicato, diante da base territorial, o que estaria a inviabilizar o extraordinário (folhas 102 e 103).

No agravo de folha 2 a 14, insiste o Sindicato na afronta ao artigo 8º, inciso II, da Constituição Federal, renovando os argumentos expendidos no recurso e defendendo que 'o exame dos temas constitucionais submetidos à apreciação da Corte Suprema independem de análise da legislação infraconstitucional, muito menos das questões fáticas, pois a controvérsia está situada na violação do princípio da unicidade sindical' (folha 7).

Conforme certificado à folha 1.046, o agravado não apresentou contraminuta.

2. Na interposição deste agravo, foram observados os pressupostos de recorribilidade que lhe são inerentes. O agravante providenciou o traslado das peças previstas no artigo 544, § 1º, do Código de Processo Civil e os documentos de folhas 15 e 105 evidenciam a regularidade da representação processual. Quanto à oportunidade, a decisão atacada foi veiculada no Diário de 18 de junho de 2004, sexta-feira (folha 104), ocorrendo a manifestação do inconformismo em 30 imediato, quarta-feira, mediante fac-símile. *A juntada do original ocorreu em 5 de julho, no prazo assinado em lei.*

O tema de fundo do extraordinário está a merecer o crivo de Colegiado do Supremo, definindo-se o alcance do disposto no inciso II do artigo 8º da Constituição Federal, preceito versado no acórdão proferido pelo Superior Tribunal de Justiça. Existente sindicato em nível estadual e, portanto, a representar a categoria econômica em todo o território da unidade da Federação, veio a ser criado sindicato no Município do Rio de Janeiro. Cumpre, então, definir se, havendo sindicato de abrangência maior, a apanhar certo município, é possível o surgimento de outro que se mostre específico quanto à área outrora abrangida.

3. Conheço deste agravo e o provejo, determinando o processamento do extraordinário.

4. Publiquem."[16]

[16] AI 522.830-4-RJ, de 22.4.2006 (Sindicato dos Hospitais e Estabelecimentos de Serviços de Saúde no Estado do Rio de Janeiro *vs.* Sindicato dos Hospitais, Clínicas e Casas de Saúde do Município do Rio de Janeiro). Rel. Min. Marco Aurélio (DJ n. 93, Seção 1, de 17.5.2006, p. 31).

PARTE III

DIREITO PROCESSUAL

1. ACESSO À JUSTIÇA[1]. GRATUIDADE

A simples declaração de incapacidade financeira justifica a concessão de assistência judiciária gratuita. Esse o entendimento reiterado do STF, conforme a decisão do Min. Carlos Ayres Britto, no AI 557.195-2-RS, de 15.12.2005, *verbis*:

"Vistos, etc.

Tem razão a agravante.

Com efeito, o aresto impugnado diverge do entendimento desta colenda Corte de que a simples declaração de incapacidade financeira, feita pelo interessado, é suficiente para a obtenção do benefício da assistência judiciária gratuita. Confira-se, a propósito, o RE 205.746, Relator Ministro Carlos Velloso, cuja ementa registra:

'CONSTITUCIONAL. ACESSO À JUSTIÇA. ASSISTÊNCIA JUDICIÁRIA. Lei 1.060, de 1950. CF, art. 5º, LXXIV.

I — A garantia do art. 5º, LXXIV —— assistência jurídica integral e gratuita aos que comprovarem insuficiência de recursos — não revogou a de assistência judiciária gratuita da Lei 1.060, de 1950, aos necessitados, certo que, para obtenção desta, basta a declaração, feita pelo próprio interessado, de que a sua situação econômica não permite vir a Juízo sem prejuízo da sua manutenção ou de sua família. Essa norma infraconstitucional põe-se, ademais, dentro no espírito da Constituição, que deseja que seja facilitado o acesso de todos à Justiça (CF, art. 5º, XXXV).

II — RE não conhecido.'

Assim, aplicando a referida orientação ao presente caso, e frente ao art. 544, §§ 3º e 4º, do CPC, provejo o agravo para conhecer do recurso extraordinário e dar-lhe provimento, para deferir o benefício da assistência judiciária gratuita.

Publique-se."[2]

---

[1] Sobre acesso à Justiça, v., nesta coletânea, v. 2, p. 101, v. 9, p. 45

[2] AI 557.195-2-RS, de 15.12.2005 (Diocério Pilar ou Diocerio Pilar e outro (a/s) *vs.* Pedro Muller Coelho de Souza). Rel.: Min. Carlos Britto (DJ n. 28, Seção 1, de 8.2.2006, p. 43). No mesmo sentido: AI 564.765-6-RJ, de 14.2.2006 (União *vs.* Wagner Figueiredo da Silva). Rel.: Min. Sepúlveda Pertence (DJ n. 53, de 17.3.2006, p. 15).

2. *ASSINATURA DIGITALIZADA. INVIABILIDADE*[3]

A falta de regulação legal impede o uso de assinatura digitalizada, conforme decidiu o Min. Celso de Mello, no AI 561.126-1-RJ, de 19.4.2006, *verbis*:

"A **questão** versada na presente causa **envolve** discussão **pertinente à validade processual**, ou não, **de assinaturas digitalizadas** constantes de petição recursal.

O órgão judiciário recorrido, no ato decisório ora questionado, **por entender** que a utilização da assinatura digitalizada **depende** de regulamentação, **ainda** inexistente, **sequer admitiu** o recurso extraordinário **a que se refere** o presente agravo de instrumento.

A decisão em causa **revela-se incensurável**, eis que se ajusta, **com plena exatidão**, à jurisprudência que o Supremo Tribunal Federal **firmou** na matéria ora em exame.

Com efeito, a colenda **Primeira Turma** desta Suprema Corte, **ao julgar o AI 564.765/RJ**, Rel. Min. SEPÚLVEDA PERTENCE, **fixou orientação** consubstanciada em acórdão assim ementado:

'**Ato processual: recurso: chancela eletrônica: exigência de regulamentação** do seu uso para resguardo da segurança jurídica.

1. **Assente o entendimento** do Supremo Tribunal **de que apenas** a petição em que o advogado **tenha firmado originalmente** sua assinatura **tem validade** reconhecida. **Precedentes.**

2. **No caso dos autos**, não se trata de certificado digital **ou** versão impressa de documento digital protegido por certificado digital; **trata-se de mera chancela eletrônica sem qualquer regulamentação e cuja originalidade não é possível** afirmar **sem** o auxílio de perícia técnica.

[3] V., nesta coletânea, v. 6, p. 211.

3. A necessidade de regulamentação para a utilização da assinatura digitalizada **não é mero formalismo processual, mas exigência razoável** que visa impedir a prática de atos cuja responsabilização não seria possível.' (**grifei**)

Cumpre ressaltar, por necessário, que esse entendimento **vem sendo observado** em **sucessivos** julgamentos, monocráticos **e** colegiados, que, **proferidos** no âmbito desta Corte, **versaram questão idêntica** à que ora se examina **nesta** sede recursal (**AI 551.787/RJ**, Rel. Min. SEPÚLVEDA PERTENCE — **AI 554.637/RJ**, Rel. Min. SEPÚLVEDA PERTENCE — **AI 576.929/RJ**, Rel. Min. EROS GRAU — **AI 591.143/RJ**, Rel. Min. EROS GRAU — **RMS 24.257-AgR/DF**, Rel. Min. ELLEN GRACIE , **v. g.**).

Sendo assim, e tendo em consideração as razões expostas, **nego provimento** ao presente agravo de instrumento, **eis que se revela inviável** o recurso extraordinário a que ele se refere.

Publique-se."[4]

[4] AI 561.126-1-RJ, de 19.4.2006 (União *vs.* Nilza Bellarmino da Silva). Rel.: Min. Celso de Mello (DJ n. 84, Seção 1, de 4.5.2006, p.37). No mesmo sentido: AI 564.765-6-RJ, de 14.2.2006 (União Federal *vs.* Wagner Figueiredo da Silva). Relator: Min. Sepúlveda Pertence. (DJ n. 53, de 17.3.2006, p. 15).

3. COMPETÊNCIA

A. STF. CONFLITO NEGATIVO. TST E JUIZ ESTADUAL

Conflito negativo de competência foi solucionado pelo STF, declarando competente juiz estadual e não o TST para apreciar controvérsia acerca de contratação de servidores sob a égide de lei estadual. A decisão, do Min. Celso de Mello, no CC 7.295-4-AM, de 22.3.2006, tem o seguinte teor:

"O Egrégio Tribunal Superior do Trabalho, **ao julgar embargos** opostos pelo Estado do Amazonas (Secretaria de Estado da Educação, Cultura e Desportos — SEDUC), **reconheceu a incompetência da Justiça do Trabalho** para processar **e** julgar a controvérsia sobre a contratação de servidores **sob a égide da Lei Estadual** n. 1.674/84, **proferindo** decisão **consubstanciada** em acórdão assim ementado (fls. 152):

'**INCOMPETÊNCIA DA JUSTIÇA DO TRABALHO — CONTRATAÇÃO DE SERVIDOR TEMPORÁRIO — LEI ESTADUAL**. O art. 106 da Constituição Federal 1967 (E.C. 1969) possibilitava à administração pública contratar servidores em caráter temporário ou para o exercício de funções técnicas especializadas, cuja regulamentação seria feita por lei especial estadual ou municipal. A relação jurídica, nesse caso, é de natureza administrativa, conforme orientação prevista no Enunciado n. 123 do TST. Ainda que os termos da lei especial não tenham sido observados pela Administração Pública, ante o injustificável prolongamento por quase dez anos da contratação realizada inicialmente a título precário, não há como se reconhecer a competência da Justiça do Trabalho para examinar a lide.

A Justiça Comum Estadual, no caso, é que há de primeiramente examinar os termos da citada lei não observada, em face da natureza administrativa da norma, bem como definir os efeitos de seu descumprimento na relação ocorrida entre as partes. Embargos conhecidos e providos.'

O magistrado estadual **de primeira** instância (2ª Vara da Fazenda Pública Estadual da comarca de Manaus/AM), no entanto, **apoiando-se** nas razões que expôs a fls. 211, **reconheceu-se igualmente incompetente**, **dando causa**, em conseqüência **dos próprios** fundamentos **que dão suporte** à sua decisão (fls. 211), à instauração **do presente** conflito **negativo** de competência, **suscitado** em face do v. acórdão **emanado** do E. Tribunal Superior do Trabalho.

Não obstante a decisão de fls. 224, **cumpre reconhecer** que o Juiz da 10ª Vara do Trabalho de Manaus/AM limitou-se, **na realidade**, a encaminhar os presentes autos a esta Suprema Corte.

Cabe verificar, preliminarmente, **se**, em tese, **assiste**, ou não, **ao Supremo Tribunal Federal**, atribuição jurisdicional, para, **em sede originária**, apreciar conflito de competência **entre** Juiz estadual de **primeira** instância **e** o Tribunal Superior do Trabalho.

É inegável — considerada a situação processual exposta — **que se revela suscetível** de conhecimento, por **esta** Corte Suprema, o conflito de competência, **quando** suscitado, **como na espécie** (fls. 211), por magistrado de **primeiro** grau da Justiça estadual, **em face** do órgão de cúpula da Justiça do Trabalho.

Com efeito, o **Pleno** do Supremo Tribunal Federal, **não obstante a ausência** de previsão constitucional explícita, **firmou** orientação jurisprudencial — **a partir** da regra inscrita no art. 102, I, "**o**", da Constituição — **no sentido de que pertence**, a esta Suprema Corte, a competência originária para processar e julgar os **conflitos de competência** instaurados **entre** Tribunal Superior da União, de um lado, **e** magistrado de primeira instância **a ele não vinculado**, de outro (**RTJ 130/1015**, Rel. Min. SYDNEY SANCHES — **RTJ 131/1097**, Rel. Min. CARLOS MADEIRA — **RTJ 145/509**, Rel. Min. MOREIRA ALVES — **RTJ 153/803**, Rel. Min. PAULO BROSSARD — **RTJ 164/115**, Rel. Min. SYDNEY SANCHES):

'**CONFLITO DE COMPETÊNCIA** — TRIBUNAL SUPERIOR DO TRABALHO **E** JUIZ FEDERAL DE **PRIMEIRA** INSTÂNCIA — **COMPETÊNCIA ORIGINÁRIA** DO SUPREMO TRIBUNAL FEDERAL **PARA DIRIMIR** O CONFLITO (...).

— **Pertence**, ao Supremo Tribunal Federal, a competência para dirimir, **originariamente**, conflitos de competência instaurados **entre** qualquer Tribunal Superior da União **e** magistrado de **primeira** instância **que não esteja** a ele vinculado. **Precedentes**.'

(**RTJ 178/710**, Rel. Min. CELSO DE MELLO)

No caso, o conflito de competência ora em exame **instaurou-se** entre autoridade judiciária estadual de **primeira** instância (**fls. 211**) **e** o E. Tribunal Superior do Trabalho, órgão judiciário **a que não se acha vinculado** o magistrado local em questão.

Isso significa, portanto, **na linha** da diretriz jurisprudencial referida, **que assiste**, a **esta** Suprema Corte, competência originária para apreciar a **presente** causa.

Reconhecida, desse modo, **a competência originária** do Supremo Tribunal Federal **para dirimir** a controvérsia suscitada nesta causa, **passo a examinar**, desde logo, o **presente** conflito de competência.

Cumpre ressaltar, neste ponto, que o Supremo Tribunal Federal, **na análise de causas idênticas** à que emerge dos presentes autos, **veio a dirimir** o conflito de competência nelas suscitado, **reputando competente**, para efeito de apreciação jurisdicional do litígio, o magistrado **estadual** de primeira instância (**CC 7.202/AM**, Rel. Min. EROS GRAU — **CC 7.213/AM**, Rel. Min. CELSO DE MELLO — **CC 7.217/AM**, Rel. Min. CARLOS VELLOSO — **CC 7.223/AM**, Rel. Min. CELSO DE MELLO — **CC 7.227/AM**, Rel. Min. CARLOS VELLOSO — **CC 7.230/AM**, Rel. Min. ELLEN GRACIE — **CC 7.237/AM**, Rel. Min. CARLOS VELLOSO — **CC 7.251/AM**, Rel. Min. CELSO DE MELLO — **CC 7.256/AM**, Rel. Min. CARLOS VELLOSO — **CC 7.329/AM**, Rel. Min. EROS GRAU).

Impende assinalar, por relevante, **que essa orientação reflete-se** na decisão, que, **proferida** pela Presidência do Supremo Tribunal Federal (**RISTF**, art. 13, VIII) **nos autos da ADI 3.395-MC/DF**, Rel. Min. CEZAR PELUSO, **suspendeu**, cautelarmente, ad referendum do Plenário desta Corte, **qualquer** interpretação **do art. 114**, **I**, da Constituição Federal (**na redação** dada pela EC n. 45/2004) '(...) que inclua, na competência da Justiça do Trabalho, a (...) apreciação (...) de causas que (...) sejam instauradas entre o Poder Público e seus servidores, a ele vinculados por típica relação de ordem estatutária ou de caráter jurídico-administrativo'.

Devo registrar, finalmente, que eminentes Ministros desta Suprema Corte, **em razão** desse **mesmo** entendimento, **têm**

vislumbrado a ocorrência de transgressão à autoridade da decisão que a Presidência do Supremo Tribunal Federal **proferiu**, em sede cautelar, **na já referida** ADI 3.395/DF (**Rcl 3.737/PA**, Rel. Min. ELLEN GRACIE — **Rcl 3.736/PA**, Rel. Min. JOAQUIM BARBOSA — **Rcl 3.814/PA**, Rel. Min. ELLEN GRACIE), **assentando**, por tal motivo, **a incompetência da Justiça do Trabalho** para julgamento de causas instauradas **entre** o Poder Público **e** seus agentes, **em decorrência** de vínculos de natureza estatutária **ou** de caráter jurídico-administrativo, **como sucede na espécie**.

Sendo assim, pelas razões expostas, **tendo em consideração** os precedentes mencionados, **e nos termos** do art. 120, **parágrafo único**, do CPC, **conheço** deste conflito negativo de competência **e declaro competente** o magistrado **estadual** que exarou o despacho de fls. 211, **a quem incumbirá** processar e julgar **a presente** causa.

Encaminhem-se, pois, a esse ilustre magistrado estadual (fls. 211), os **presentes** autos.

Transmita-se, ao E. Tribunal Superior do Trabalho **e** ao Senhor Juiz da 10ª Vara do Trabalho de Manaus/AM (**Processo** n. R-12816/2005-010-11-00), **mediante cópia**, o teor da **presente** decisão.

Publique-se."[5]

B. SERVIDOR PÚBLICO. EMENDA N. 45[6]

A 5.4.2006, o STF, em sua composição plenária, referendou a liminar concedida pelo Min. Nelson Jobim, então Presidente da Suprema Corte, na ADIn 3395-6-DF, vencido o Min. Marco Aurélio. Foi relator o Min. Cezar Peluso. A decisão está assim ementada é a seguinte:

"INCONSTITUCIONALIDADE. Ação direta. Competência. Justiça do Trabalho. Incompetência reconhecida. Causas entre o Poder Público e seus servidores estatutários. Ações que não

---

[5] CC 7.295-4-AM, de 22.3.2006 (Suscitante: Juiz do Trabalho da 10ª Vara do Trabalho de Manaus. Suscitados: Juiz de Direito da 2ª Vara da Fazenda Pública Estadual da Comarca de Manaus e Tribunal Superior do Trabalho. Interessados: Ersília dos Santos Rodrigues e Estado do Amazonas). Rel. Min. Celso de Mello (DJ n. 62, Seção 1, de 30.3.2006. pp. 45-6).

[6] V. nesta coletânea, v. 9, p. 94.

se reputam oriundas de relação de trabalho. Conceito estrito desta relação. Feitos da competência da Justiça Comum. Interpretação do art. 114, inc. I, da CF, introduzido pela EC 45/2004. Precedentes. Liminar deferida para excluir outra interpretação. O disposto no art. 114, I, da Constituição da República, não abrange as causas instauradas entre o Poder Público e servidor que lhe seja vinculado por relação jurídico-estatutária."[7]

Por corolário, as decisões dos integrantes da Suprema Corte, proferidas monocraticamente, passaram a seguir o entendimento plenário. Assim, o Min. Ricardo Lewandowski decidiu na MC em RECL 4306-1-TO, de 20.4.2006, *verbis*:

> "Trata-se de reclamação, com pedido de medida liminar, ajuizada pelo Município de Palmas/TO contra decisão proferida pelo Juízo da 2ª Vara do Trabalho de Palmas/TO, 'nos autos da Reclamação Trabalhista sob o n. 0432.2003.802.10.00.0, movida em desfavor do Reclamante por José Ribamar Alves Barbosa (fl. 02).
>
> O Município reclamante sustenta que a matéria discutida na referida reclamação trabalhista, 'que envolve o Poder Público e seus servidores perante a Justiça do Trabalho de Palmas/TO refere-se, insofismavelmente, a contratações temporárias levadas a efeito sob as regras da Lei Municipal que autoriza a contratação temporária (...), já que o próprio Magistrado entendeu por bem a aplicação da responsabilidade solidária do Município, entendendo ser o interessado verdadeiro servidor público' (fls. 06-07).
>
> Alega, desse modo, que o processamento de tal ação 'pela Justiça Laboral constitui afronta ao entendimento contemplado na ADIN 3.395/2005, bem como nas liminares deferidas nas Reclamações de n. 3183/05, 3305/2005, 3737/05 e 4045/05' (fl. 07).
>
> Reconheço, desde logo, a legitimidade da utilização do instrumento da reclamação por parte do Município de Palmas/TO, nos termos da decisão plenária da questão de ordem suscitada nos autos da Rcl 1.880-AgR/SP, Rel. Min. Maurício Corrêa.
>
> Passo a decidir.

---

[7] ADIn 3395-6-DF, de 5.4.2006 (Associação dos Juízes Federais do Brasil — AJUFE e Associação Nacional dos Magistrados Estaduais — ANAMAGES *vs.* Congresso Nacional). Rel.: Min. Cezar Peluso (DJ n. 75, Seção 1, de 19.4.2006, p. 5).

À primeira vista, verifico que a decisão objeto desta reclamação parece haver afrontado a decisão proferida pelo Supremo Tribunal Federal quando do julgamento do pedido de medida cautelar na ADI 3.395/DF, do seguinte teor:

'A alegação é fortemente plausível.

Há risco.

Poderá, como afirma a inicial, estabelecerem-se conflitos entre a Justiça Federal e a Justiça Trabalhista, quanto à competência desta ou daquela.

Em face dos princípios da proporcionalidade e da razoabilidade e ausência de prejuízo, concedo a liminar, com efeito ex tunc.

Dou interpretação conforme ao inciso I do art. 114 da CF, na redação da EC n. 45/2004.

Suspendo, ***ad referendum*** *, toda e qualquer interpretação dada ao inciso I do art. 114 da CF, na redação dada pela EC 45/ 2004, que inclua, na competência da Justiça do Trabalho, a*

'... apreciação ... de causas que ... sejam instauradas entre o Poder Público e seus servidores, a ele vinculados por típica relação de ordem estatutária ou de caráter jurídico-administrativo'.

Publique-se.'

Essa decisão veio a ser referendada pelo Plenário do Supremo Tribunal Federal em data de 05 de abril de 2006.

Demais disso, em situações semelhantes à destes autos, esta Suprema Corte tem deferido pedidos de medida liminar para suspender a tramitação perante a Justiça do Trabalho de causas instauradas entre o Poder Público e seus servidores (Rcl 3.183/PA, Rel. Min. Joaquim Barbosa; Rcl 3.737/PA, Rel. Min. Ellen Gracie).

Tenho, pois, como presente a fumaça do bom direito e reconheço a adequada indicação, pela parte reclamante, do perigo da demora (fl. 07).

Isso posto, defiro o pedido de medida liminar para o fim de determinar a imediata suspensão do processamento da Reclamação Trabalhista n. 0432.2003.802.10.00.0, que tramita perante a 2ª Vara do Trabalho de Palmas/TO.

2. Comunique-se, com urgência, ao juízo reclamado.

3. Solicitem-se informações. Após, abra-se vista à douta Procuradoria Geral da República.

Publique-se."[8]

C. COMPLEMENTAÇÃO DE APOSENTADORIA

Na linha de entendimentos anteriores, o Min. Gilmar Mendes negou seguimento ao AI 567.280-9-MG, a 15.12.2005, reconhecendo a competência da Justiça do Trabalho para apreciar tema relativo à complementação de aposentadoria baseada em norma regulamentar constante do contrato de trabalho. Tem o teor abaixo:

"*Trata-se de agravo contra decisão que negou processamento a recurso extraordinário fundado no art. 102, III, 'a', da Constituição Federal, interposto em face de acórdão no qual restou assentado (fl. 166):*

'Decorrendo o benefício previdenciário de cláusula do contrato individual de trabalho, embora executada por empresa de previdência, mas instituída e mantida pelo empregador, com fim específico de adimplir a obrigação patronal, a controvérsia relativa à complementação de aposentadoria é de competência da Justiça do Trabalho.'

Alega-se violação aos artigos 5º, II, 114 e 195, § 5º, da Carta Magna.

---

[8] MC EM RECL 4.306-1-TO, de 20.4.2006 (Município de Palmas *vs.* Juiz do Trabalho da 2ª Vara do Trabalho de Palmas (Reclamação Trabalhista n. 00432.2003.802.10.00.0)). Rel.: Min. Ricardo Lewandowski (DJ n. 82, Seção 1, de 5.5.2006, pp. 69-70). No mesmo sentido: MC EM RECL 43-.370-3-TO, de 23.5.2006 (Estado do Tocantins *vs.* Juiz do Trabalho da 2ª Vara do Trabalho de Araguaína (Proc. n. 0110-2006-812-10-00-6, 124-2006-812-10-00-0, 119-2006-812-10-00-7, 123-2006-812-10-00-5, 117-2006-812-10-00-8, 111-2006-812-10-00-0, 114-2006-812-10-00-4, 113-2006-812-10-00-0, 116-2006-812-10-00-3, 0072-2006-812-10-00-1, 0071-2006-812-10-00-7, 118-2006-812-10-00-2, 115-2006-812-10-00-9 e 112-2006-812-10-00-5). Interessados: Roseni Barbosa dos Santos, Maria da Paz Barbosa, Ideurene Ferreira da Silva Vieira, Maria das Graças Barros dos Santos, Juarez Bandeira Barros, Maria Rodrigues dos Santos, Maria da Consolação Costa, Lusinete Rodrigues dos Santos, Maria Helena Santos de Moraes, Maria dos Reis Mendes de Sousa, Alcy Pereira de Sousa, Carlos Augusto Martins Guimarães, Marcio Kennedy Cardoso da Costa e Asão Gomes de Sousa Filho). Rel.: Min. Celso de Mello (DJ n. 100, Seção 1, de 26.5.2006, p. 53). CC 7.250-4-AM, de 1.2.2006 (Sescitante: Juiz do Trabalho da 6ª Vara do Trabalho de Manaus. Suscitados: Juiz de Direito da Vara da Fazenda Pública Municipal e Tribunal Superior do Trabalho. Interessados: Closmir da Silva Barreto e Município de Manaus). Rel.: Min. Eros Grau (DJ n. 37, Seção 1, de 21.2.2006, p. 17).

Esta Corte firmou entendimento segundo o qual a Justiça do Trabalho é competente para julgar causa relativa à complementação de aposentadoria decorrente de contrato de trabalho. Nesse sentido, o RE 165.575, 2ª T., Rel. Carlos Velloso, DJ 17.03.94; e o RE 158.890, 1ª T., Rel. Sepúlveda Pertence, DJ 27.10.00, assim ementado:

'EMENTA: Competência: Justiça do Trabalho: complementação de aposentadoria: pretensão fundada em norma regulamentar integrante do contrato de trabalho'.

Dessa orientação não divergiu o acórdão recorrido. Assim, nego seguimento ao agravo (art. 557, caput, do CPC).

Publique-se."[9]

D. SERVIDOR PÚBLICO

No caso abaixo, o Min. Carlos Ayres Britto negou liminar, mantendo a competência da Justiça do Trabalho para apreciar demanda promovida por servidor público regido pela CLT, sem que, nessa hipótese, ocorresse vulneração ao decidido na ADIn 3.395-6-DF. A decisão, na MC em RECL 4.317-7-PA, de 25.4.2006, tem o seguinte teor:

"Vistos, etc.

O Município de Santarém propõe esta reclamação constitucional, com pedido de medida acauteladora, para impugnar o processamento das Reclamações Trabalhistas ns. 362/2006, 388/2006, 393/2006 e 396/2006, perante a Vara do Trabalho daquela localidade.

2. O reclamante sustenta que:

'(...)

Não obstante a decisão liminar desta Suprema Corte proferida nos autos da Ação Direta de Inconstitucionalidade de n. 3.395/2005, na qual restou suspensa toda e qualquer interpretação dada ao inciso I do art. 114 da Constituição Federal pela redação da Emenda Constitucional n. 45/2004 que inclua, na competência da Justiça do Trabalho, a apreciação de causas instauradas entre o Poder Público e seus servidores,

---

[9]AI 567.280-9-MG, de 15.12.2005 (Fundação dos Economiários Federais — FUNCEP *vs.* Sônia Regina de Souza e Silva Fonseca). Rel.: Min. Gilmar Mendes (DJ n. 31, Seção 1, de 13.2.2006, p. 439).

a ele vinculado por típica relação de ordem estatuária ou de caráter jurídico-administrativo, a douta Vara do Trabalho de Santarém vem recebendo ações trabalhistas trazendo tais questionamentos, o que implica em flagrante desobediência as decisões desta Suprema Corte, no caso de poder vinculante posto que referendada pelo Pleno.

(...)

(...) É fato. Ao receber e processar as reclamações ajuizadas contra o Município versando sobre questões de trabalho resultante de contrato **administrativo** submetidas a sua apreciação, a Vara do Trabalho reclamada claramente despreza, com inequívoca insubordinação e desrespeito, os preceitos legais emanados do guardião da Carta Fundamental da República. A integridade, a autoridade e a eficácia subordinante dos comandos que emergem dos atos da Suprema Corte exigem resguardo através da via reclamatória utilizada.

Resulta, assim, autorizado, o recebimento e acolhimento da presente reclamação com vista ao restabelecimento da ordem pública que está maculada ante a tendência de se generalizar tal comportamento que acabará por causar irremediável balbúrdia no Judiciário dada a insegurança jurídica impingida aos jurisdicionados que não sabem ao certo a quem dirigir seus litígios, eis que já não há respeito à autoridade das decisões desta corte maior.

(...)'.

3. Segue o peticionante para dizer que o processamento das mencionadas ações trabalhistas ofende a autoridade da decisão tomada pelo Supremo Tribunal Federal na ADI 3.395-MC, Rel. Min. Cezar Peluso.

4. Assim resumida a questão, passo a decidir.

5. Com efeito, em 27.01.2005, o Min. Nelson Jobim deferiu, *ad referendum*, a medida cautelar na ADI 3.395. E o fez para suspender toda e qualquer interpretação do inciso I do artigo 114 da CF (na redação da EC 45/2004) que inclua, na competência da Justiça do Trabalho, a apreciação de causas instauradas entre o Poder Público e seus servidores, a ele vinculados por típica relação de ordem estatutária ou de caráter jurídico-administrativo.

6. Já em 05.04.2006, o Plenário desta Corte Suprema referendou o provimento acautelatório. Na oportunidade, assentou o entendimento de que compete à Justiça comum processar

e julgar as causas instauradas entre a Fazenda Pública e seus servidores estatutários (agentes públicos investidos em cargos públicos efetivos ou comissionados).

7. Pois bem, sob este visual das coisas, não me parece consistente a alegação de que o processamento das precitadas reclamações trabalhistas na Justiça Obreira contraria o decidido na ADI 3.395-MC. Assim me posiciono porque, à primeira vista, não se me afigura deter caráter estatutário a relação jurídica mantida entre os autores das reclamações trabalhistas em questão e a municipalidade.

8. Pontuo, por derradeiro, que a relação estatutária é assim denominada por decorrer diretamente da Constituição e da lei infraconstitucional, não ostentando traço de contratualidade. No caso dos autos, porém, a relação jurídica entre a Fazenda Municipal e os obreiros não é *ex vi legis*, mas contratual. Basta observar que os contratos constantes dos autos prevêem direitos e obrigações do recrutado como, *verbi gratia*, jornada de trabalho, remuneração, vigência da contratação, etc.

9. Nessa contextura, **indefiro** o pedido de medida liminar.

10. Solicitem-se informações.

Publique-se."[10]

---

[10] MC EM RECL 4.317-7-PA, de 25.4.2006 (Município de Santarém *vs.* Juiz do Trabalho da Vara única do Trabalho de Santarém (Processos n.s 362/2006, 388/2006, 393/2006 e 396/2006). Interessados: Manoel Ozeniro Pinto de Farias, Davi Lauro Pedroso Chagas, Manoel Conceição e Denis Cleber dos Santos Borges). Rel.: Min. Carlos Britto (DJ n. 82, Seção 1, de 2.5.2006, p. 70).

4. JUSTIÇA GRATUITA. PESSOA JURÍDICA

Pessoa jurídica também pode gozar do benefício da Justiça gratuita. Nesse sentido, o despacho do Min. Carlos Ayres Britto, no AI 572.351-3-SP, de 2.5.2006, *verbis:*

"Vistos, etc.

O recurso não merece acolhida. É que, relativamente à violação ao inciso LXXIV do art. 5º da Carta Magna, este excelso Tribunal, no julgamento da Rcl 1.905-ED-AgR, Relator o Ministro Marco Aurélio, decidiu que a pessoa jurídica tem direito à assistência judiciária gratuita, desde que comprove a insuficiência de recursos. Confira-se a ementa do citado precedente:

'ASSISTÊNCIA JUDICIÁRIA GRATUITA — PESSOA JURÍDICA. Ao contrário do que ocorre relativamente às pessoas naturais, não basta a pessoa jurídica asseverar a insuficiência de recursos, devendo comprovar, isto sim, o fato de se encontrar em situação inviabilizadora da assunção dos ônus decorrentes do ingresso em juízo.'

Apesar de não ser esse o meu entendimento, render-me-ia, democraticamente, ao pensar majoritário desta Casa Maior de Justiça, não fosse o fato de não haver a empresa recorrente comprovado insuficiência de recursos. Logo, divergir do aresto impugnado, no ponto, demandaria o reexame do acervo probatório dos autos, providência inviável a teor da Súmula 279 do STF.

Incide, ademais, o óbice da Súmula 282 desta colenda Corte.

Assim, frente ao art. 557 do CPC e ao § 1º do art. 21 do RI/STF, nego seguimento ao agravo.

Publique-se."[11]

---

[11] AI 572.351-3-SP, de 2.5.2006 (Pontual Leasing S/A Arrendamento Mercantil — em liquidação extrajudicial *vs.* Cantareira Distribuidora de Veículos Ltda.). Rel.: Min. Carlos Britto (DJ n. 97, Seção 1, de 23.5.2006, p. 20).

5. MINISTÉRIO PÚBLICO DO TRABALHO. AÇÃO COLETIVA. PROPOSITURA. LEGITIMIDADE

A 2ª Turma do STF, por unanimidade, decidiu, julgando o AG REG no AI 404.860-1-DF, relatado pelo Min. Joaquim Barbosa, a 8.8.2006, que o Ministério Público do Trabalho tem legitimidade para propor ação coletiva que vise a declaração de nulidade de cláusula de contrato, convenção ou acordo coletivo do trabalho, e que a Justiça do Trabalho possui competência para apreciar esse tipo de ação. A ementa do aresto é a seguinte:

"AGRAVO REGIMENTAL. AÇÕES COLETIVAS. DECLARAÇÃO DE NULIDADE DE CLÁUSULA DE CONTRATO, ACORDO COLETIVO OU CONVENÇÃO COLETIVA QUE VIOLE AS LIBERDADES INDIVIDUAIS OU COLETIVAS OU OS DIREITOS INDIVIDUAIS INDISPONÍVEIS DOS TRABALHADORES. LEGITIMIDADE DO MINISTÉRIO PÚBLICO DO TRABALHO. COMPETÊNCIA DA JUSTIÇA DO TRABALHO. CONTRIBUIÇÃO ASSISTENCIAL. MATÉRIA INFRACONSTITUCIONAL.

É constitucional a atribuição do Ministério Público do Trabalho de propor ações coletivas para a declaração de nulidade de cláusula de contrato, acordo coletivo ou convenção coletiva que viole as liberdades individuais ou coletivas ou os direitos individuais indisponíveis dos trabalhadores.

Fica afastada a alegação de incompetência da Justiça do Trabalho para apreciar o feito, já que o Ministério Público do Trabalho atuará precisamente perante os órgãos judiciários trabalhistas.

O exame da questão relativa à contribuição assistencial é de âmbito infraconstitucional.

Por essa razão, não cabe recurso extraordinário, pois não há ofensa direta à Constituição federal.

Agravo regimental a que se nega provimento."[12]

[12] AG REG NO AI 404.860-1-DF, de 8.8.2006 (Sindicato dos Empregados em Estabelecimentos de Serviços de Saúde de Brasília — SINDICATÃO *vs.* Ministério Público do Trabalho da 10ª Região). Rel.: Min. Joaquim Barbosa (DJ n. 183, Seção 1, de 22.9.2006, p. 48).

6. ORGANIZAÇÃO INTERNACIONAL. IMUNIDADE DE EXECUÇÃO. EXECUÇÃO SUSPENSA[13]

Ao longo dos anos, tenho insistido em que de pouco ou nada adianta as decisões dos tribunais brasileiros condenando os entes de Direito Internacional Público ao pagamento de verbas trabalhistas. Assim escrevi em 1986[14]. Acentuei o aspecto, posteriormente, em dezenas de artigos doutrinários e palestras que proferi. Entretanto, a maioria dos tribunais do trabalho tem se posicionado no sentido de que não existe imunidade de jurisdição em matéria trabalhista, a partir de decisão do excelso Pretório, no AC 9.696-3-SP. Pois bem! A posição que continuo conservando refere à condição mesma da impossibilidade de executar o julgado. Sustentei-a quando cuidei especificamente da competência internacional da Justiça do Trabalho, objeto do art. 114 da Carta de 1988[15], e que permaneceu inalterado após a Emenda n. 45/2004. Valhi-me da lição de Amilcar de Castro, segundo a qual dois princípios devem prevalecer sempre que o Judiciário se pronuncia: o da submissão e o da efetividade. Pelo primeiro, os sujeitos que submetem à Justiça e o Juiz do Estado conhece do feito e decide. Pelo segundo, proferida a sentença o Juiz que a prolatou poderá executá-la. Tal, todavia, não sucede com os entes de Direito Internacional Público, face a impossibilidade de penhora de qualquer de seus bens. Isso se aplica ao Estado estrangeiro, tema do julgado do STF acima referido, e, com muito mais força, quando se cuida de organizações internacionais, que o caso do *decisum* adiante.

Trata-se do despacho proferido na MC em AC 1.069-1-MT, de 28.12.2005, pela Min. Ellen Gracie, *verbis*:

"1. Referente às petições n. 151.901/2005 e 151.902/2005. Juntem-se. ***Defiro*** *o pedido para que a União intervenha no feito na qualidade de assistente simples (art. 50 do CPC). À Secretaria para as anotações necessárias.*

---

[13] Sobre imunidade de jurisdição dos entes de Direito Internacional, v., nesta coletânea, v. 1, p. 40, v. 6, p. 123, v. 7, p. 67, v. 8, p. 58.

[14] V. o meu *Imunidade de jurisdição trabalhista dos entes de Direito Internacional Público.* São Paulo, LTr, 1986.

[15] V. o meu *Competência Internacional da Justiça do Trabalho.* São Paulo, LTr, 1998.

2. Trata-se de ação cautelar ajuizada pela Organização das Nações Unidas — Programas das Nações Unidas para o Desenvolvimento — ONU/PNUD para obter efeito suspensivo em recurso extraordinário admitido pelo Presidente do Tribunal Superior do Trabalho em 14.12.2005.

Rosane Dorneles Vasconcelos ajuizou reclamação trabalhista em desfavor da requerente. A juíza da 3ª Vara do Trabalho de Cuiabá/MT julgou procedente a ação. A requerente propôs ação rescisória no Tribunal Regional do Trabalho da 23ª Região contra a sentença, na qual alegou imunidade de jurisdição e de execução em razão do disposto na Seção 2 da Convenção sobre Privilégios e Imunidades das Nações Unidas, adotada em Londres, em 13 de fevereiro de 1946 e ratificada pelo Governo Brasileiro. A Convenção dispõe que:

'Seção 2. A Organização das Nações Unidas, seus bens e haveres, qualquer que seja sua sede ou detentor, gozarão de imunidade de jurisdição, salvo na medida em que a Organização a ela tiver renunciado em determinado caso. Fica, todavia, entendido que a renúncia não pode compreender medidas executivas.'

Esse fundamento foi afastado pelo Tribunal Regional que julgou improcedente a rescisória. Interposto recurso ordinário, o Tribunal Superior do Trabalho negou provimento ao recurso. Contra esse acórdão a requerente interpôs recurso extraordinário. A União requereu a sua integração no feito como Assistente Simples e também interpôs recurso extraordinário contra o acórdão do Tribunal Superior do Trabalho. Improvidos os recursos da requerente na Justiça Trabalhista, o processo de execução da sentença transitada em julgado prosseguiu com a determinação de bloqueio de valores em contas da requerente em três instituições bancárias (fls. 345; 352; 356).

Alega-se na presente ação que 'todas as tentativas da Requerente para ver resguardadas suas imunidades de execução e de jurisdição, assim como e principalmente, a impenhorabilidade de seus bens e haveres, enfim, para ver cumpridos pelo Estado Brasileiro os acordos internacionais por ele firmados com a Organização das Nações Unidas, restaram infrutíferas, sendo imprescindível a apresentação desta medida cautelar...' (fl. 9). E, ainda, que foi instaurada a jurisdição desta Corte para o exame da controvérsia, que houve prequestionamento das questões constitucionais e a plausibilidade jurídica do pedido. Requer a suspensão do curso da execução até a decisão final do recurso extraordinário e a desconstituição da penhora dos numerários.

3. Ainda que quanto à imunidade de jurisdição esta Corte já tenha decidido que 'O Estado estrangeiro não dispõe de imunidade de jurisdição, perante órgãos do Poder Judiciário brasileiro, quando se tratar de causa de natureza trabalhista' (RE 222.368 AgR, rel. Min. Celso de Mello, 2ª Turma, DJ 14.2.2003), diferente é o entendimento no que se refere à imunidade de execução. Destaco do voto proferido pelo Min. Celso de Mello no julgamento do RE 22.368 AgR:

'É bem verdade que o Supremo Tribunal Federal, tratando-se da questão pertinente à imunidade de execução (matéria que não se confunde com o tema concernente à imunidade de jurisdição ora em exame), continua quanto a ela (imunidade de execução), a entendê-la como prerrogativa institucional de caráter mais abrangente, ressalvadas as hipóteses excepcionais (a) de renúncia, por parte do Estado estrangeiro, à prerrogativa da intangibilidade dos seus próprios bens (RTJ 167/761, Rel. Min. ILMAR GALVÃO — ACO 543/SP, Rel. Min. SEPÚLVEDA PERTENCE) ou (b) de existência, em território brasileiro, de bens, que, embora pertencentes ao Estado estrangeiro, não tenham qualquer vinculação com as finalidades essenciais inerentes às legações diplomáticas ou representações consulares mantidas em nosso país.

(...)

A imunidade de jurisdição, de um lado, e a imunidade de execução, de outro, constituem categorias autônomas, juridicamente inconfundíveis, pois — ainda que guardem estreitas relações entre si — traduzem realidades independentes e distintas, assim reconhecidas quer no plano conceitual, quer, ainda, no âmbito de desenvolvimento das próprias relações internacionais.

Na realidade, tais prerrogativas institucionais, fundadas em normas e em práticas de direito internacional público, coexistem de modo independente, de tal forma que eventual renúncia à imunidade de jurisdição não importará, por si só, em renúncia à imunidade de execução, na linha do que reconhece o magistério da doutrina...'

4. Assim, entendo presente a fumaça do bom direito e o perigo da demora pela possibilidade de se efetivar a transferência dos valores à requerida ao tempo do julgamento do recurso extraordinário, razões pelas quais ***concedo*** *a medida* *liminar requerida para suspender a execução no Processo n. 01699.2001.003.23.00-8 e determinar o desbloqueio dos valores nesse processo.*

Cite-se a requerida para contestar a presente ação cautelar.

Comunique-se o deferimento da liminar.

Publique-se."[16]

[16] MC em AC 1069-1-MT, de 28.12.2005 (Organização Das Nações Unidas — Programa das Nações Unidas Para o Desenvolvimento — ONU/PNUD I *vs.* Rosane Dorneles Vasconcelos. Assistente: União). Rel.: Min. Carlos Britto (DJ n. 23, Seção1, de 1.2.2006, p. 6-7).

7. PRESCRIÇÃO[17]

O tema *prescrição* é matéria infraconstitucional, e não dá ensejo ao remédio extraordinário. É o que decidiu o Min. Gilmar Mendes, no AI 401.141-3-SP, a 2.7.9.2006, *verbis*:

"Trata-se de agravo contra decisão que negou processamento a recurso extraordinário fundado no art. 102, III, a da Constituição Federal, interposto contra acórdão do Tribunal Superior do Trabalho assim ementado (fl. 80):

'PRESCRIÇÃO — ARTIGO 11 DA CLT — CONSUMAÇÃO ANTERIORMENTE À PROMULGAÇÃO DA CF/88 — ARTIGO 7º, XXIX, A, DA CF/88 — INAPLICABILIDADE.** Não há que se falar em aplicação do artigo 7º, inciso XXIX, alínea a, da CF, se a prescrição total consumou-se sob a égide do artigo 11 da CLT e em período bem anterior à promulgação da atual Constituição da República. Esta a jurisprudência da Corte,* ex vi *do Enunciado n. 308/TST, segundo o qual 'a norma constitucional que ampliou a prescrição da ação trabalhista para cinco anos é de aplicação imediata, não atingindo pretensões já alcançadas pela prescrição bienal, quando da promulgação da Constituição de 1988'. **Embargos de declaração acolhidos para, sanando omissão, afastar a violação do art. 7º, XXIX, a, da CF.'

Alega-se violação ao art. 7º, XXIX, a, *da Carta Magna. Nas razões de recurso extraordinário sustenta que o aludido artigo não prevê uma prescrição total, mas institui que a prescrição trabalhista 'atinge tão somente os créditos do direito, não sendo relevante nenhuma discussão acerca do seu fundo em si mesmo'.*

O Subprocurador-Geral da República, Dr. Wagner de Castro Mathias Netto, manifestou-se pelo provimento do agravo, em parecer que traz como ementa (fl. 172):

---

[17] Vários aspectos da prescrição, v., nesta coletânea, v. 3, p. 88, v. 4, pp. 100, 102 e 136, v. 6, pp. 158 e 160, v. 7, p. 88.

'Agravo de instrumento. Prescrição. Pretensa ofensa ao art. 7º, XXIX, da CF/88. Requisitos de admissibilidade preenchidos. Pelo provimento, para melhor exame da matéria.'

Esta corte firmou entendimento segundo o qual a controvérsia está restrita ao âmbito da interpretação da legislação infraconstitucional. A ofensa à Constituição Federal, se existente, seria reflexa. Nesse sentido, o AgRRE 199.084, Rel. Sepúlveda Pertence, 1ª T., DJ 14.05.04, e o AgRAI 400.229, Rel. Ellen Gracie, 2ª T., DJ 18.02.05, assim ementado:

'1. O inciso XXIX do art. 7º da Constituição Federal está voltado, apenas, ao estabelecimento do prazo prescricional, sendo que a regulação da dicotomia entre as espécies de prescrição — parcial ou total — reside exclusivamente no âmbito infraconstitucional.

2. Agravo regimental improvido.'

Assim, nego seguimento ao agravo (art. 557, caput, *do CPC).*

Publique-se."[18]

---

[18] AI 401.141-3-SP, de 29.9.2006 (Clodowaldo Cunha e Outros *vs.* Nossa Caixa — Nosso Banco S/A). Rel.: Min. Gilmar Mendes (DJ n. 202, Seção 1, de 20.10.2006, pp. 97-8).

8. SUCESSÃO TRABALHISTA. MATÉRIA INFRACONSTITUCIONAL

Também sucessão trabalhista, de que cuidam os arts. 10 e 448 da CLT e a Súmula n. 304 do TST, é matéria infraconstitucional. Nesse sentido decidiu o Min. Sepúlveda Pertence, a 13.3.2006, no AI 584.691-8-SP, *verbis*:

"Agravo de instrumento de decisão que inadmitiu RE, a, de acórdão do Tribunal Superior do Trabalho assim ementado (f. 40):

'AGRAVO DE INSTRUMENTO. RECURSO DE REVISTA. SUCESSÃO TRABALHISTA ENTRE BANCOS. Ausência de violação direta a dispositivo constitucional. Decisão do Tribunal Regional em consonância com a atual e notória jurisprudência desta Corte (OJ n. 261 da SDI-1). Agravo de instrumento a que se nega provimento.'

Lê-se ainda do voto condutor do acórdão recorrido (f. 231):

'(...).

O reclamado alega que os créditos trabalhistas em questão advêm de empresa em regime de liquidação extrajudicial, motivo pelo qual deve ser aplicado o Enunciado n. 304 do TST, não incidindo juros de mora, a partir da data da intervenção do Banco Central. Aponta violação ao art. 5º, II, da Constituição Federal.

(...)

Ademais, como consta dos fundamentos da decisão atacada, não submetido o recorrente à intervenção do Banco Central, não se beneficia da pretendida isenção de juros. Inaplicável, portanto, o entendimento jurisprudencial vertido no Enunciado n. 304 do TST.

(...).'

Alega o RE violação dos artigos 5º, II, XXXVI e LV, da Constituição Federal.

Decido.

Não há falar em negativa de prestação jurisdicional ou violação dos princípios compreendidos nos artigos 5º, LV, da Constituição Federal. A parte teve acesso aos recursos cabíveis na espécie e a jurisdição foi prestada, no caso, mediante decisão suficientemente motivada, não obstante contrária à pretensão do recorrente, tendo o Tribunal a quo, como se observa do acórdão proferido, justificado suas razões de decidir.

Ademais, seja com relação às peculiaridades atinentes à sucessão trabalhista — artigos 10 e 448 da CLT —, seja quanto aos pressupostos recursais no âmbito da Justiça do Trabalho e a incidência, no caso, do Enunciado 304 do TST, a pretensa ofensa aos dispositivos constitucionais dados por violados, se houvesse, seria indireta ou reflexa, pressupondo o prévio exame de legislação infraconstitucional, ao que não se presta a via do recurso extraordinário.

Nego provimento ao agravo."[19]

[19] AI 584.691-8-SP, de 13.3.2006 (UNIBANCO — União dos Bancos Brasileiros S/A e outro (a/s) *vs.* Sindicato dos Empregados em Estabelecimentos Bancários de Bauru e Região). Rel.: Min. Sepúlveda Pertence (DJ n. 61, Seção 1, de 29.3.2006, pp. 53-4).

PARTE IV

SERVIÇO PÚBLICO

1. CONSELHO NACIONAL DE JUSTIÇA[1]. EC 45

Examinando a ADIn 3.367-1-DF, o Pleno do Excelso Pretório decidiu, em julgado relatado pelo Min. Cezar Peluso, a 13.4.2005, publicado em 17.3.2006, que 1) não havia inconstitucionalidade alguma na Emenda n. 45/4004, 2) são constitucionais as normas que tratam do Conselho Nacional de Justiça; 3) que os Estados-membros não podem instituir órgão interno ou externo do Judiciário; 4) que o CNJ está sujeito ao STF; 5) os membros do C.N.J (advogados e outros cidadãos) não podem exercer, durante o respectivo mandato, outro cargo ou função, exceto uma de magistério, atividade político-partidária e advocacia no Brasil. A ementa do julgado é a seguinte:

"1. ***AÇÃO. Condição. Interesse processual, ou de agir. Caracterização. Ação direta de inconstitucionalidade. Propositura antes da publicação oficial da Emenda Constitucional n. 45/2004. Publicação superveniente, antes do julgamento da causa. Suficiência. Carência da ação não configurada. Preliminar repelida. Inteligência do art. 267, VI, do CPC.*** *Devendo as condições da ação coexistir à data da sentença, considera-se presente o interesse processual, ou de agir, em ação direta de inconstitucionalidade de Emenda Constitucional que só foi publicada, oficialmente, no curso do processo, mas antes da sentença.*

2. ***INCONSTITUCIONALIDADE. Ação direta. Emenda Constitucional n. 45/2004. Poder Judiciário. Conselho Nacional de Justiça. Instituição e disciplina. Natureza meramente administrativa. Órgão interno de controle administrativo, financeiro e disciplinar da magistratura. Constitucionalidade reconhecida. Separação e independência dos Poderes. História, significado e alcance concreto do princípio. Ofensa a cláusula constitucional imutável (cláusula pétrea). Inexistência. Subsistência do núcleo político do princípio, mediante preservação da função jurisdicional, típica do Judiciário, e das condições materiais do seu***

[1] V., nesta coletânea, v. 9, p. 83.

exercício imparcial e independente. Precedentes e súmula 649. Inaplicabilidade ao caso. Interpretação dos arts. 2º e 60, § 4º, III, da CF. Ação julgada improcedente. Votos vencidos*. São constitucionais as normas que, introduzidas pela Emenda Constitucional n. 45, de 8 de dezembro de 2004, instituem e disciplinam o Conselho Nacional de Justiça, como órgão administrativo do Poder Judiciário nacional.*

3. ***PODER JUDICIÁRIO. Caráter nacional. Regime orgânico unitário. Controle administrativo, financeiro e disciplinar. Órgão interno ou externo. Conselho de Justiça. Criação por Estado membro. Inadmissibilidade. Falta de competência constitucional****. Os Estados membros carecem de competência constitucional para instituir, como órgão interno ou externo do Judiciário, conselho destinado ao controle da atividade administrativa, financeira ou disciplinar da respectiva Justiça.*

4. ***PODER JUDICIÁRIO. Conselho Nacional de Justiça. Órgão de natureza exclusivamente administrativa. Atribuições de controle da atividade administrativa, financeira e disciplinar da magistratura. Competência relativa apenas aos órgãos e juízes situados, hierarquicamente, abaixo do Supremo Tribunal Federal. Preeminência deste, como órgão máximo do Poder Judiciário, sobre o Conselho, cujos atos e decisões estão sujeitos a seu controle jurisdicional. Inteligência dos arts. 102,* caput*, inc. I, letra* r*, e 103-B, § 4º, da CF****. O Conselho Nacional de Justiça não tem nenhuma competência sobre o Supremo Tribunal Federal e seus ministros, sendo esse o órgão máximo do Poder Judiciário nacional, a que aquele está sujeito.*

5. ***PODER JUDICIÁRIO. Conselho Nacional de Justiça. Competência. Magistratura. Magistrado vitalício. Cargo. Perda mediante decisão administrativa. Previsão em texto aprovado pela Câmara dos Deputados e constante do Projeto que resultou na Emenda Constitucional n. 45/2004. Supressão pelo Senado Federal. Reapreciação pela Câmara. Desnecessidade. Subsistência do sentido normativo do texto residual aprovado e promulgado (art. 103-B, § 4º, III). Expressão que, ademais, ofenderia o disposto no art. 95, I, parte final, da CF. Ofensa ao art. 60, § 2º, da CF. Não ocorrência. Argüição repelida. Precedentes****. Não precisa ser reapreciada pela Câmara dos Deputados expressão suprimida pelo Senado Federal em texto de projeto que, na redação remanescente, aprovada de ambas as Casas do Congresso, não perdeu sentido normativo.*

*6. **PODER JUDICIÁRIO. Conselho Nacional de Justiça. Membro. Advogados e cidadãos. Exercício do mandato. Atividades incompatíveis com tal exercício. Proibição não constante das normas da Emenda Constitucional n. 45/ 2004. Pendência de projeto tendente a torná-la expressa, mediante acréscimo de § 8º ao art. 103-B da CF. Irrelevância. Ofensa ao princípio da isonomia. Não ocorrência. Impedimentos já previstos à conjugação dos arts. 95, parágrafo único, e 128, § 5º, II, da CF. Ação direta de inconstitucionalidade. Pedido aditado. Improcedência.** Nenhum dos advogados ou cidadãos membros do Conselho Nacional de Justiça pode, durante o exercício do mandato, exercer atividades incompatíveis com essa condição, tais como exercer outro cargo ou função, salvo uma de magistério, dedicar-se a atividade político-partidária e exercer a advocacia no território nacional."*[2]

[2] ADIn 3.367-1-DF, de 13.4.2005 (Associação dos Magistrados Brasileiros — AMB *vs.* Congresso Nacional). Rel.: Min. Cezar Peluso (DJ n. 53, Seção 1, de 17.3.2006, pp. 4-5).

2. *MAGISTRADO*

A. ABONO VARIÁVEL

Não cabe correção monetária sobre o abono variável concedido pela Lei n. 9.655/98 e cujo pagamento foi considerado nos termos da Lei n. 10.474/2002, e na forma da Resolução n. 245/2002, do Excelso Pretório. Assim decidiu o Min. Gilmar Mendes, na AO 1.157-4-PI, a 25.10.2006, *verbis*:

> *"Ação Originária. Correção monetária sobre o abono variável previsto na Lei n. 9.655, de 2 de julho de 1998 e na Lei n. 10.474, de 27 de junho de 2002. 1. Interesse peculiar da magistratura. Competência do Supremo Tribunal Federal (art. 102, inciso I, alínea* n*, da Constituição). Precedentes: AO n. 1.151/SC — referendo de tutela antecipada –, Rel. Min. Marco Aurélio, DJ 18.5.2005; AO-AgR n. 1.292/MG, Rel. Min. Carlos Velloso, Pleno 24.11.2005. 2. Correção monetária sobre o abono variável. A própria Lei n. 10.474/2002 veda a incidência de correção monetária ou qualquer outro tipo de atualização ou reajuste do valor nominal das parcelas correspondentes ao abono variável. Tal proibição também está prescrita na Resolução n. 245 do STF, quando estabelece o pagamento do abono variável em parcelas iguais, sem qualquer menção à atualização monetária dos valores devidos. No período de 1º de janeiro de 1998 até o advento da Lei n. 10.474/2002 não havia qualquer débito da União em relação ao abono variável criado pela Lei n. 9.655/98 — dependente, à época, da fixação do subsídio dos Ministros do Supremo Tribunal Federal. Com a edição da Lei n. 10.474, de junho de 2002, fixando definitivamente os valores devidos e a forma de pagamento do abono, assim como a posterior regulamentação da matéria pela Resolução n. 245 do STF, de dezembro de 2002, também não há que se falar em correção monetária ou qualquer valor não estipulado por essa regulamentação legal. Eventuais correções monetárias já foram compreendidas pelos valores devidos a título de abono variável, cujo pagamento se deu na forma definida pela Lei n. 10.474/2002, em 24*

(vinte e quatro) parcelas mensais, iguais e sucessivas, a partir do mês de janeiro de 2003. Encerradas as parcelas e quitados os débitos reconhecidos pela lei, não subsistem quaisquer valores pendentes de pagamento. 3. Ação julgada procedente, por maioria de votos.

Voto: Em primeiro lugar, entendo que o quadro fático é suficiente para a incidência do art. 102, inciso I, alínea n, *da Constituição Federal, atraindo, por conseguinte, a competência desta Corte para apreciar a matéria.*

O Tribunal, ao resolver casos semelhantes, nos quais também se discutia o pagamento de correção monetária do abono devido aos magistrados por força da Lei n. 10.474/2002, entendeu estarem presentes os fundamentos para a aplicação do art. 102, inciso I, alínea n, *da Constituição (AO n. 1.151/SC — referendo de tutela antecipada —, Rel. Min. Marco Aurélio, DJ 18.5.2005; AO-AgR n. 1.292/MG, Rel. Min. Carlos Velloso, Pleno 24.11.2005). No mesmo sentido, as decisões monocráticas proferidas na RCL 2.936-1/DF, Rel. Min. Marco Aurélio, e na AO-MC n. 1.149, Rel. Min. Nelson Jobim.*

Com efeito, a jurisprudência desta Corte já está consolidada no sentido de que, para a aplicação do art. 102, inciso I, alínea n, *da Constituição, é preciso que o interesse em causa seja privativo da magistratura, não incidindo o preceito constitucional quando a questão debatida seja também de interesse de outros servidores públicos (AO-QO 468/CE, Rel. Min. Moreira Alves, DJ 15.8.1997; AO n. 467/SP, Rel. Min. Néri da Silveira, DJ de 03.10.1997, Pleno, unânime; AO-AgR n. 955/ES, Rel. Min. Ellen Gracie, DJ 7.3.2003; AO-QO n. 21, Rel. Min. Ilmar Galvão, DJ 6.9.2001; RCL no 1.952-AgR/MA, Rel. Min. Ellen Gracie, DJ de 12.03.2004, Pleno, unânime).*

Quanto à questão da legitimidade passiva, não há como excluir o juiz aposentado Bernardo Melo Filho do pólo passivo da demanda, pois é beneficiário direto da decisão administrativa impugnada.

No mérito, não tenho qualquer dúvida a respeito da total procedência da ação. Isso porque a própria Lei n. 10.474, de 27 de junho de 2002, em seu art. 2º, § 3º, prescreve, de forma categórica, que "o valor do abono variável da Lei n. 9.655, de 2 de julho de 1998, é inteiramente satisfeito na forma fixada neste artigo." E, observe-se bem, o referido artigo em nenhum momento trata de correção monetária a incidir sobre o abono variável. Eis o teor do art. 2º da Lei n. 10.474/2002:

'Art. 2º O valor do abono variável concedido pelo art. 6º da Lei n. 9.655, de 2 de junho de 1998, com efeitos financeiros a partir da data nele mencionada, passa a corresponder à diferença entre a remuneração mensal percebida por Magistrado, vigente à data daquela Lei, e a decorrente desta Lei.

§ 1º Serão abatidos do valor da diferença referida neste artigo todos e quaisquer reajustes remuneratórios percebidos ou incorporados pelos Magistrados da União, a qualquer título, por decisão administrativa ou judicial, após a publicação da Lei n. 9.655, de 2 de junho de 1998.

§ 2º Os efeitos financeiros decorrentes deste artigo serão satisfeitos em 24 (vinte e quatro) parcelas mensais e sucessivas, a partir do mês de janeiro de 2003.

§ 3º O valor do abono variável da Lei n. 9.655, de 2 de junho de 1998, é inteiramente satisfeito na forma fixada neste artigo." (ênfases acrescidas)

Da mesma forma, a Resolução n. 245, deste Supremo Tribunal Federal, de 12 de dezembro de 2002, que 'dispõe sobre a forma de cálculo do abono de que trata o artigo 2º e §§ da Lei n. 10.474, de 27 de junho de 2002', em nenhum momento previu qualquer incidência de correção monetária sobre o abono. O texto da resolução é o seguinte:

'O Presidente do Supremo Tribunal Federal, no uso das atribuições que lhe confere o artigo 13, XVII, combinado com o artigo 363, I, do Regimento Interno;

Considerando o decidido pelo Tribunal, na sessão administrativa de 11 de dezembro de 2002, presentes os ministros Moreira Alves, Sydney Sanches, Sepúlveda Pertence, Celso de Mello, Carlos Velloso, Ilmar Galvão, Maurício Corrêa, Nelso Jobim, Ellen Gracie e Gilmar Mendes;

Considerando a vigência do texto primitivo — anterior à Emenda n. 19/98 — da Constituição de 1988, relativo à remuneração da magistratura da União;

Considerando a vigência da Lei Complementar n. 35, de 14 de março de 1979;

Considerando o direito à gratificação de representação — artigo 65, inciso V, da Lei Complementar n. 35, de 1979, e Decreto-lei n. 2.371, de 18 de novembro de 1987, nos percentuais fixados;

Considerando o direito à gratificação adicional de cinco por cento por qüinqüênio de serviço, até o máximo de sete qüinqüênios — artigo 65, inciso VIII, da Lei Complementar n. 35, de 1979;

Considerando a absorção de todos e quaisquer reajustes remuneratórios percebidos ou incorporados pelos magistrados da União, a qualquer título, por decisão administrativa ou judicial pelos valores decorrentes da Lei n. 10.474, de 27 de junho de 2002 — artigos 1º, § 3º, e 2º, §§ 1º, 2º e 3º;

Considerando o disposto na Resolução STF n. 235, de 10 de julho de 2002, que publicou a tabela da remuneração da Magistratura da União, decorrente da Lei n. 10.474, de 2002;

Considerando o escalonamento de cinco por cento entre os diversos níveis da remuneração da magistratura da União — artigo 1º, § 2º, da Lei n. 10.474, de 2002;

Considerando a necessidade de, no cumprimento da Lei Complementar n. 35, de 1979, e da Lei n. 10.474, de 2002, adotar-se critério uniforme, a ser observado pelos órgãos do Poder Judiciário da União, para cálculo e pagamento do abono;

Considerando a publicidade dos atos da Administração Pública;

RESOLVE:

Art. 1º É de natureza jurídica indenizatória o abono variável e provisório de que trata o artigo 2º da Lei n. 10.474, de 2002, conforme precedentes do Supremo Tribunal Federal.

Art. 2º Para os efeitos do artigo 2º da Lei n. 10.474, de 2002, e para que se assegure isonomia de tratamento entre os beneficiários, o abono será calculado, individualmente, observando-se, conjugadamente, os seguintes critérios:

I — apuração, mês a mês, de janeiro/98 a maio/2002, da diferença entre os vencimentos resultantes da Lei n. 10.474, de 2002 (Resolução STF n. 235, de 2002), acrescidos das vantagens pessoais, e a remuneração mensal efetivamente percebida pelo Magistrado, a qualquer título, o que inclui, exemplificativamente, as verbas referentes a diferenças de URV, PAE, 10,87% e recálculo da representação (194%);

II — o montante das diferenças mensais apuradas na forma do inciso I será dividido em vinte e quatro parcelas iguais, para pagamento nos meses de janeiro de 2003 a dezembro de 2004.

Art. 3º Serão recalculados, mês a mês, no mesmo período definido no inciso I do artigo 2º, o valor da contribuição previdenciária e o do imposto de renda retido na fonte, expurgando-se da base de cálculo todos e quaisquer reajustes percebidos ou incorporados no período, a qualquer título, ainda que pagos em rubricas autônomas, bem como as repercussões desses reajustes nas vantagens pessoais, por terem essas parcelas a mesma natureza conferida ao abono, nos termos do artigo 1º, observados os seguintes critérios:

I — o montante das diferenças mensais resultantes dos recálculos relativos à contribuição previdenciária será restituído aos magistrados na forma disciplinada no Manual SIAFI pela Secretaria do Tesouro Nacional;

II — o montante das diferenças mensais decorrentes dos recálculos relativos ao imposto de renda retido na fonte será demonstrado em documento formal fornecido pela unidade pagadora, para fins de restituição ou compensação tributária a ser obtida diretamente pelo magistrado junto à Receita Federal.

Art. 4º Esta Resolução entra em vigor na data de sua publicação.'

Como se vê, a Resolução n. 245 do STF é clara ao estabelecer que o pagamento do montante apurado ocorreria 'em vinte e quatro parcelas iguais'.

Alega a União que, 'ante a ausência completa de previsão legal, não poderia a Juíza Presidente do Tribunal Regional do Trabalho da 22ª Região, no exercício de atividade eminentemente administrativa, inovar o ordenamento jurídico, autorizando o indevido pagamento de correção monetária' (fl. 13)

Não se trata apenas de falta de previsão legal, o que já seria suficientemente grave, tal como assentado em precedentes desta Corte (ADI n. 2.093, Relator Ministro Carlos Velloso, DJ 18.6.2004; ADIMC n. 2.105, Rel. Min. Celso de Mello).

No caso, como se pode atestar pela expressão literal de seu art. 2º, a própria Lei n. 10.474/2002 veda a incidência de correção monetária ou qualquer outro tipo de atualização ou reajuste do valor nominal das parcelas correspondentes ao abono variável. Tal proibição também está prescrita na Resolução n. 245 do STF, quando estabelece o pagamento do abono variável em parcelas iguais, sem qualquer menção à atualização monetária dos valores devidos.

Portanto, frise-se, não se trata apenas de ausência de previsão em lei, o que acarreta a violação à reserva legal prevista pelo art. 96, inciso II, alínea b, *da Constituição, como afirma a União. Cuida-se, no caso, de expressa proibição legal, o que perfaz a ofensa direta ao que disposto na Lei n. 10.474/ 2002.*

A reconstrução histórica da previsão legal do abono variável devido aos magistrados bem demonstra tal assertiva

A Emenda Constitucional n. 19, de 5 de maio de 1998, modificou o art. 93, inciso V, da Constituição, estabelecendo os critérios para a fixação dos subsídios da magistratura nacional. Dizia o referido artigo que 'o subsídio dos Ministros dos Tribunais Superiores corresponderá a noventa e cinco por cento do subsídio mensal fixado para os Ministros do Supremo Tribunal Federal e os subsídios dos demais magistrados serão fixados em lei e escalonados, em nível federal e estadual, conforme as respectivas categorias da estrutura judiciária nacional, não podendo a diferença entre uma e outra ser superior a dez por cento ou inferior a cinco por cento, nem exceder a noventa e cinco por cento do subsídio mensal dos Ministros dos Tribunais Superiores, obedecido, em qualquer caso, o disposto nos arts. 37, XI, e 39, § 4º'.

O art. 48, inciso XV, com a redação também dada pela EC n. 19/98, dizia que o subsídio dos Ministros do Supremo Tribunal Federal seria fixado por lei de iniciativa conjunta dos Presidentes da República, da Câmara dos Deputados, do Senado Federal e do próprio Supremo Tribunal Federal, observado o disposto nos arts. 39, § 4º, 150, II, 153, III, e 153, § 2º, I.

Em consonância com essa nova norma constitucional, foi editada a Lei n. 9.655, de 2 de junho de 1998, alterando o percentual de diferença entre a remuneração dos cargos de Ministros do Superior Tribunal de Justiça e dos Juízes da Justiça Federal de Primeiro e Segundo Graus. Em seu art. 6º, esta lei prescreveu o seguinte: 'aos membros do Poder Judiciário é concedido um abono variável, com efeitos financeiros a partir de 1º de janeiro de 1998 e até a data da promulgação da Emenda Constitucional que altera o inciso V do art. 93 da Constituição, correspondente à diferença entre a remuneração mensal atual de cada magistrado e o valor do subsídio que for fixado quando em vigor a referida Emenda Constitucional'.

Como a lei que fixaria o valor do subsídio dos Ministros do Supremo Tribunal Federal nunca veio a ser editada, tendo em vista a própria dificuldade institucional de se estabelecer a iniciativa conjunta dos Presidentes da República, da Câmara dos Deputados, do Senado Federal e do Supremo Tribunal Federal — o que gerou a total ineficácia do inciso XV do art. 48 da Constituição, com a redação dada pela EC n. 19/98, posteriormente alterado pela EC n. 41/2003 — o pagamento do abono variável previsto na Lei n. 9.655/98 ficou à espera de definição legal.

Abra-se um parêntese, neste ponto, para deixar bem claro que o art. 6º da Lei n. 9.655/98 estabelece expressamente que o valor do abono variável corresponde à diferença entre a remuneração mensal de cada magistrado e o valor do subsídio que for fixado. A exposição de motivos do Projeto de Lei da Câmara n. 62, de 2002 (n. 6.879/2002, na Casa de origem), que culminou na edição da Lei n. 10.474/2002, esclarece esta questão, como se pode atestar da leitura do seguinte trecho, verbis:

'O projeto, dessa maneira, procura dar eficácia ao preceito do art. 6º da Lei n. 9.655/98, porquanto tal eficácia ficara dependente da lei de que cuida o inciso XV do art. 48 da Carta em vigor, cuja edição se encontra protraída indefinidamente no tempo.' (ênfases acrescidas)

Portanto, enquanto não fixado o valor do subsídio dos Ministros do Supremo Tribunal Federal, não houve qualquer mora da União em relação ao pagamento do abono variável, como quer fazer crer o TRT-22ª Região em suas informações. Em outras palavras, entre a data fixada pela Lei n. 9.655/98, de 1º de janeiro de 1998, e a edição da Lei n. 10.474, de 27 de junho de 2002, não havia crédito exigível concernente ao abono variável e, portanto, não há que se falar, atualmente, em correção monetária incidente sobre valores sequer existentes à época.

A previsão legal suficiente para o pagamento do abono veio apenas com a Lei n. 10.474, de 27 de junho de 2002, que estabeleceu o seguinte:

'Art. 1º Até que seja editada a Lei prevista no art. 48, inciso XV, da Constituição Federal, o vencimento básico do Ministro do Supremo Tribunal Federal é fixado em R$ 3.950,31 (três mil, novecentos e cinqüenta reais e trinta e um centavos).

§ 1º Para os fins de quaisquer limites remuneratórios, não se incluem no cômputo da remuneração as parcelas percebidas, em bases anuais, por Ministro do Supremo Tribunal Federal em razão de tempo de serviço ou de exercício temporário de cargo no Tribunal Superior Eleitoral.

§ 2º A remuneração dos Membros da Magistratura da União observará o escalonamento de 5% (cinco por cento) entre os diversos níveis, tendo como referência a remuneração, de caráter permanente, percebida por Ministro do Supremo Tribunal Federal.

§ 3º A remuneração decorrente desta Lei inclui e absorve todos e quaisquer reajustes remuneratórios percebidos ou incorporados pelos Magistrados da União, a qualquer título, por decisão administrativa ou judicial, até a publicação desta Lei.'

O seguinte trecho da exposição de motivos do projeto de lei, acima referido, esclarece a questão:

'O projeto soluciona ainda a questão concernente ao 'abono variável' concedido pelo art. 6º da Lei n. 9.655, de 2 de junho de 1998, mediante a qual se instituiu um abono 'correspondente à diferença entre a remuneração mensal' percebida pelo magistrado, vigente à data daquela lei, 'e o valor do subsídio' que viesse a ser fixado quando entrasse em vigor a emenda constitucional que, então, tramitava no Congresso. A Lei n. 9.655/98 referia-se ao subsídio advindo do inciso XV do art. 48 da Carta, que veio a ser acrescido pelo art. 7º da Emenda Constitucional n. 19, promulgada em 4 de junho de 1998. Pelo projeto, o mencionado abono passará a ter como parâmetro não mais o subsídio do inciso XV do artigo 48 do Diploma Maior, mas a remuneração decorrente do projeto, tudo na forma da Lei n. 9.655/98.' (ênfase acrescida)

Assim, fixado o valor do vencimento básico dos Ministros do Supremo Tribunal Federal, a Lei n. 10.474/2002, em seu art. 2º, estabeleceu o valor do abono variável e a forma de seu pagamento, da seguinte maneira:

'Art. 2º O valor do abono variável concedido pelo art. 6º da Lei n. 9.655, de 2 de junho de 1998, com efeitos financeiros a partir da data nele mencionada, passa a corresponder à diferença entre a remuneração mensal percebida por Magistrado, vigente à data daquela Lei, e a decorrente desta Lei.

§ 1º Serão abatidos do valor da diferença referida neste artigo todos e quaisquer reajustes remuneratórios percebidos ou incorporados pelos Magistrados da União, a qualquer título, por decisão administrativa ou judicial, após a publicação da Lei n. 9.655, de 2 de junho de 1998.

§ 2º Os efeitos financeiros decorrentes deste artigo serão satisfeitos em 24 (vinte e quatro) parcelas mensais e sucessivas, a partir do mês de janeiro de 2003.

§ 3º O valor do abono variável da Lei n. 9.655, de 2 de junho de 1998, é inteiramente satisfeito na forma fixada neste artigo.'

Como se vê, dispôs o § 2º que os efeitos financeiros decorrentes deste artigo serão satisfeitos em 24 (vinte e quatro) parcelas mensais e sucessivas, a partir do mês de janeiro de 2003. A Resolução n. 245 do STF, de 12 de dezembro de 2002, reforçou tal entendimento, ao prescrever, em seu art. 2º, inciso II, que o pagamento do montante devido aos magistrados se daria em vinte e quatro parcelas iguais, para pagamento nos meses de janeiro de 2003 a dezembro de 2004. Quando essa resolução estabelece que o abono variável tem natureza jurídica indenizatória (art. 1º), apenas reconhece a existência do débito constituído com o advento da Lei n. 10.474/2002, a ser calculado e quitado de acordo com seu art. 2º.

O § 3º do art. 2º da Lei n. 10.474/2002, por sua vez, estabeleceu que o valor do abono variável é inteiramente satisfeito na forma fixada neste artigo.

Com isso, a conclusão a que se chega é que, se entre o período de 1º de janeiro de 1998 até o advento da Lei n. 10.474/2002 não havia qualquer débito da União em relação ao abono variável criado pela Lei n. 9.655/98 — dependente, à época, da fixação do subsídio dos Ministros do Supremo Tribunal Federal —, com a edição daquela lei de junho de 2002, fixando definitivamente os valores devidos e a forma de pagamento do abono, assim como a posterior regulamentação da matéria pela Resolução n. 245 do STF, de dezembro de 2002, também não há que se falar em correção monetária ou qualquer valor não estipulado por essa regulamentação legal.

Ao contrário do que defende o Procurador-Geral da República, em seu parecer, eventuais correções monetárias já foram compreendidas pelos valores devidos a título de abono variável, cujo pagamento se deu na forma prescrita por esta Lei n. 10.474/2002, em 24 (vinte e quatro) parcelas mensais e sucessivas, a partir do mês de janeiro de 2003. Encerradas as parcelas e quitados os débitos reconhecidos pela lei em referência, ***não subsistem quaisquer valores pendentes de pagamento****.*

Em verdade, ao tomar como referência a remuneração total vigente em janeiro de 2003, para fixar o valor do abono variável, o próprio legislador instituiu um autêntico fator de correção das parcelas. Dificilmente poder-se-ia conceber critério mais condizente com a idéia de proporcionalidade.

Não se pode negar, portanto, que a Lei n. 10.474/2002 'soluciona a questão concernente ao abono variável', 'resolve as pendências', expressões utilizadas na exposição de motivos do projeto de lei anteriormente citado.

Sobre o tema, há precedente desta Corte "AO n. 1.151/SC — referendo de tutela antecipada –, Rel. Min. Marco Aurélio, DJ 18.5.2005), cuja íntegra da decisão liminar, posteriormente referendada pelo Plenário do Tribunal, cito a seguir:

'(...) A articulação da inicial é relevante, notando-se o risco, a persistir o quadro, caso não deferida a tutela antecipada.

Está em jogo a correção monetária do que percebido, a título de abono, pelos magistrados vinculados ao Tribunal Regional do Trabalho da 12ª Região.

O interesse, considerado o diploma regedor do abono — Lei n. 10.474/2002 —, é peculiar. Sob o ângulo da relevância, cumpre destacar o teor do § 3º do artigo 2º da referida lei, ao balizar a forma de satisfação do abono:

Art. 2º O valor do abono variável concedido pelo art. 6º da Lei n. 9.655, de 2 de junho de 1998, com efeitos financeiros a partir da data nele mencionada, passa a corresponder à diferença entre a remuneração mensal percebida por Magistrado, vigente à data daquela Lei, e a decorrente desta Lei.

§ 1º Serão abatidos do valor da diferença referida neste artigo todos e quaisquer reajustes remuneratórios percebidos ou incorporados pelos Magistrados da União, a qualquer título, por decisão administrativa ou judicial, após a publicação da Lei n. 9.655, de 2 de junho de 1998.

§ 2º Os efeitos financeiros decorrentes deste artigo serão satisfeitos em 24 (vinte e quatro) parcelas mensais e sucessivas, a partir do mês de janeiro de 2003.

§ 3º O valor do abono variável da Lei n. 9.655, de 2 de junho de 1998, é inteiramente satisfeito na forma fixada neste artigo.

2. Defiro a tutela antecipada para afastar, até o julgamento final desta ação, a eficácia da decisão proferida pelo Tribunal Regional do Trabalho da 12ª Região — Santa Catarina — no Processo PA-MAD-00016-2005-000-12-00-0." (ênfases acrescidas)

A ementa do acórdão que referendou a liminar possui o seguinte teor:

'COMPETÊNCIA — INTERESSE PECULIAR DA MAGISTRATURA — ALÍNEA 'N' DO INCISO I DO ARTIGO 102 DA CONSTITUIÇÃO FEDERAL — ABONO — CORREÇÃO MONETÁRIA DEFERIDA NA ORIGEM — SUSPENSÃO DO ATO — LIMINAR — REFERENDO. Tratando-se de interesse peculiar da magistratura, surge a competência do Supremo para o julgamento da causa, impondo-se a concessão de medida acauteladora para suspender a eficácia da tutela antecipada deferida na origem.'

No mesmo sentido, a decisão monocrática proferida pelo Ministro Nelson Jobim na AO-MC n. 1.149, em 27.1.2005, no qual entendeu, de forma expressa, que o abono previsto na Lei n. 10.474/2002 'representa, para cada magistrado, um valor integral, sobre o qual não incidiria qualquer acréscimo'.

Com essas considerações, voto pela procedência total da ação, para: 1) declarar a nulidade da decisão administrativa proferida pelo Tribunal Regional do Trabalho da 22ª Região, a qual determinou o pagamento, aos magistrados, das diferenças referentes à incidência da correção monetária sobre o abono variável previsto na Lei n. 10.474, de 27 de junho de 2002; 2) determinar a imediata repetição do indébito, ficando o Tribunal Regional do Trabalho da 22ª Região obrigado a adotar todas as providências cabíveis para restituição das quantias pagas indevidamente, assim como a AMATRA XXII, no tocante a seus associados beneficiados, e o Juiz aposentado Bernardo Mello Filho, quanto aos valores por ele percebidos a esse título."[3]

---

[3] AO 1157-4-PI, de 25.10.2006 (Autor: União. Réus: Tribunal Regional do Trabalho da 22ª Região (Processos n.s 01064/04, 00001/06, 00069/06, 00073/06, 00074/06, 00075/06, 00077/06, 00080, 00081/06, 00082/06, 00083/06, 00084/06, 00085/06, 00086/06, 00087/06, 00088/06, 00089/06, 00090/06, 00091/06, 00092/06, 000093/06, 00094/06, 00095/06, 00096/06, 00097/06, 00098/06, 00099/06, 00100/06, 00101/06, 00102/06, 00103/06, 00106/06, 00107/06, 00108/06, 00109/06, 00110/06, 00111/06, 00112/06, 00113/06, 00114/06, 00115/06, 00116/06, 00119/06, 00121/06, 00123/06, 00124/06, 00125/06, 00123/06, 00127/06, 00128/06, 00129/06, 00130/06, 00131/06, 00132/06, 00133/06, 00134/06, 00135/06, 00136/06, 00137/06, 00138/06, 00139/06, 00140/06, 00141/06, 00143/06, 00144/06, 00145/06, 00146/06, 147/06, 00148/06, 00149/06, 00150/06, 00151/06, 00152/06, 00153/06, 00154/06, 00156/06, 00159/06, 00165/06, 00176/06, 00181/06, 00182/06, 00183/06, 00184/06, 00191/06, 0192/06, 00193/06, 00194/06, 0198/06, 0199/06, 00200/06, 00202/06, 00559/06, 00911/06, 00986/06, 00987/06, 00988/06, 00989/06, 00990/06, 00991/06, 00992/06, 00993/06, 00994/06, 00995/06, 00996/06, 00997/06, 00998/06, 00999/06, 01000/06, 01001/06, 01002/06, 01003/06, 01004/06, 01005/06, 01007/06, 01009/06, 01010/06. 01011/06, 01012/06, 01013/06, 01014/06,

B. ADICIONAL POR TEMPO DE SERVIÇO[4]

O pagamento de adicional de tempo de serviço é tema da competência do STF, não podendo ser objeto de decisão por magistrados de instâncias inferiores. Foi o que decidiu a Min. Carmen Lúcia, ao decidir medida cautelar contra ato do relator de mandado de segurança interposto perante o Tribunal de Justiça do Distrito Federal e Territórios. Trata-se da MC em RECL 4.731-8-DF, de 26.10.2006, *verbis*:

> *"RECLAMAÇÃO — ATO DO CONSELHO NACIONAL DA MAGISTRATURA — MATÉRIA DE INTERESSE DOS MAGISTRADOS — ALEGADA USURPAÇÃO DA COMPETÊNCIA DESTE SUPREMO TRIBUNAL FEDERAL — LIMINAR DEFERIDA.*
>
> ***1.** Trata-se de Reclamação, com pedido de medida liminar, ajuizada pela União, neste Supremo Tribunal, em 23 de outubro de 2006, com fundamento no art. 102, inc. I, alínea I, da Constituição da República, contra decisão proferida pelo Desembargador do Tribunal de Justiça do Distrito Federal, Relator do Mandado de Segurança 2006.00.2.006544-5. Entende a Reclamante que a matéria discutida naquele* mandamus, *qual seja, pagamento de adicional de tempo de serviço a magistrados, é de competência deste Supremo Tribunal, porquanto tratar-se de interesse peculiar da magistratura nacional.*
>
> ***2.** Alega a Reclamante que a decisão do Desembargador-Relator do mandado de segurança coletivo impetrado pela Associação dos Magistrados do Distrito Federal e Territórios — Amagis-DF, ao deferir liminar, em 23 de junho de 2006, para que a União se abstenha de '... praticar qualquer ato que importe em descontos ou exclusão do adicional por tempo de serviço nos vencimentos, proventos e pensões dos associados da impetrante ...' (fls. 60-61), cuidou de matéria de interesse da magistratura nacional e, nos termos do que dispõe o art. 102, inc. I, alínea* n, *da Constituição da República, trata-se de situação de usurpação da competência deste Supremo Tribunal.*

01015/06, 01016/06, 01017/06, 01018/06, 01019/06, 01020/06, 01021/06, 01022/06, 01023/06, 01024/06, 01025/06, 01026/06, 01027/06, 01028/06, 01029/06, 01030/06, 01031/06, 01032/06, 01033/06, 01034/06, 01035/06, 01036/06, 01037/06, 01039/06, 01040/06, 01041/06,01042/06); Associação dos Magistrados da Justiça do Trabalho da 22ª Região — AMATRA XXII e Bernardo Melo Filho. Assistido: Associação Dos Juizes Federais Do Brasil E Outros). Rel.: Min. Gilmar Mendes (Informativo STF n. 448, de 22.11.2006, pp. 3-4).

[4] V., nesta coletânea, v. 7, p. 108.

Sustenta, ainda, que a supressão daqueles valores decorreu da aplicação do disposto na Resolução n. 13, de 21 de março de 2006, do Conselho Nacional de Justiça. Portanto, nos termos do art. 102, inc. I, alínea r, *da Constituição da República, a competência é deste Supremo Tribunal Federal para processar e julgar o mandado de segurança.*

Requer liminar para suspender o trâmite daquela ação de mandado de segurança e, no mérito, 'nos termos do art. 161, [inc. I, do Regimento Interno do Supremo Tribunal Federal], sejam avocados os autos do referido processo, em que se verifica a usurpação de competência [deste Tribunal] anulando-se todos os atos decisórios eventualmente proferidos.' (fl. 18).

Decido.

3. *A Constituição da República prevê, em seu art. 102, inc. I, alínea* n, *que compete ao Supremo Tribunal processar e julgar, originariamente, 'a ação em que todos os membros da magistratura sejam direta ou indiretamente interessados ...'.*

A outorga de competência para este Tribunal, nos casos em que a matéria é de interesse da magistratura, objetiva revestir o julgado a ser proferido da imparcialidade exigida pela Lei (art. 135, inc. V, do Código de Processo Civil).

É a aplicação do princípio nemo iudex in causa sua, *ou seja, ninguém pode ser juiz em causa própria.*

Sobre a matéria, este Supremo Tribunal Federal tem coesa jurisprudência firmada quanto à sua competência, de que é exemplo a Reclamação 4.540, de relatoria do Ministro Gilmar Mendes que, monocraticamente, proferiu a seguinte decisão:

'... para a aplicação do art. 102, inciso I, alínea n, *da Constituição, é preciso que o interesse em causa seja privativo da magistratura, não incidindo o preceito constitucional quando a questão debatida seja também de interesse de outros poderes, órgãos e servidores públicos (AO-QO 468/CE, Rel. Min. Moreira Alves, DJ 15.8.1997; AO n. 467/SP, Rel. Min. Néri da Silveira, DJ de 03.10.1997, Pleno, unânime; AO-AgR n. 955/ES, Rel. Min. Ellen Gracie, DJ 7.3.2003; AO-QO n. 21, Rel. Min. Ilmar Galvão, DJ 6.9.2001; RCL n. 1.952-AgR/MA, Rel. Min. Ellen Gracie, DJ de 12.03.2004, Pleno, unânime) ...' (DJ 18.9.2006).*

Ademais, a Associação dos Magistrados do Distrito Federal e Territórios — Amagis-DF, no mandado de segurança coletivo impetrado, questionou ato emanado pelo Conselho Nacional de Justiça (Resolução n. 13, de 21 de março de 2006, fl. 52).

Assim, em razão da jurisprudência acima mencionada, verifico, em exame preliminar, que a decisão reclamada usurpa a competência deste Supremo Tribunal.

4. Pelo exposto, ***defiro a liminar*** *para suspender o trâmite do Mandado de Segurança 2006.00.2.006544-5, bem como os efeitos da decisão nele proferida.*

Solicitem-se informações (art. 157 do Regimento Interno do Supremo Tribunal Federal e art. 14, inc. I, da Lei n. 8.038/90).

Na seqüência, dê-se vista ao Procurador-Geral da República (art. 160 do Regimento Interno do Supremo Tribunal Federal e art. 16 da Lei n. 8.038/90).

Publique-se."[5]

C. PARCELA AUTÔNOMA DE EQUIVALÊNCIA

A verba de representação não incide no cálculo da parcela autônoma de equivalência. Nesse sentido a posição predominante no STF, conforme o decidido no RE 485.913-3-PB, a 31.8.2006, relatado pelo Min. Carlos Ayres Britto, *verbis:*

"Vistos, etc.

O Estado da Paraíba maneja recurso extraordinário em face de acórdão do Tribunal de Justiça local, respaldado na alínea a *do inciso III do art. 102 da Constituição Republicana.*

2. Da leitura dos autos, depreendo que o Tribunal de origem garantiu a magistrado estadual o direito às 'diferenças salariais decorrentes da não inclusão da parcela autônoma na base de cálculo das vantagens pessoais' a que fizer jus (fls. 38). Isto por entender que a referida verba possui autêntica natureza remuneratória.

3. Pois bem, o recorrente aponta violação ao inciso II do artigo 5º, aos artigos 18, 23 e 24, ao § 1º do artigo 25, ao caput *e ao inciso X do art. 37, ao § 4º do art. 39 e aos incisos I e II do artigo 169, todos da Carta de Outubro.*

---

[5] MC EM RECL. 4731-8-DF, de 26.10.2006 (União *vs.* Relator do Mandado de Segurança n. 2006.00.2.006544-5 do Tribunal de Justiça do Distrito Federal e Territórios. Interessado: Associação dos Magistrados do Distrito Federal e Territórios — AMAGIS — DF). Rel.: Min. Carmen Lúcia (DJ n. 210, Seção 1, de 1.11.2006, p. 50).

*4. Tenho que o aresto impugnado merece acolhida parcial. É que, desde a 1ª Sessão Administrativa de 1993, quando a matéria foi debatida nesta colenda Corte, ficou assentado que a 'parcela autônoma de equivalência', somada ao vencimento básico e à representação, compõe os vencimentos do magistrado para todos os efeitos legais, **exceto para cálculo da representação, que leva em conta apenas o vencimento básico**.*

5. Os precedentes são do Plenário, das Turmas e também de decisões monocráticas, já transitadas em julgado. Destaco, a título de exemplo, os seguintes: AOs 660, 666, 679, 681, 710 e 904, Relatores os Ministros Gilmar Mendes, Moreira Alves, Ilmar Galvão, Carlos Velloso, Ellen Gracie e Sepúlveda Pertence, respectivamente; ADIs 2.094, 2.098, 2.103, 2.105 e 2.106, Relatores os Ministros Néri da Silveira, Ilmar Galvão, Octavio Gallotti, Celso de Mello e Moreira Alves, respectivamente; RE 392.876, Relator Ministro Sepúlveda. Os precedentes são do Plenário, das Turmas e também de decisões monocráticas, já transitadas em julgado. Destaco, a título de exemplo, os seguintes: AOs 660, 666, 679, 681, 710 e 904, Relatores os Ministros Gilmar Mendes, Moreira Alves, Ilmar Galvão, Carlos Velloso, Ellen Gracie e Sepúlveda Pertence, respectivamente; ADIs 2.094, 2.098, 2.103, 2.105 e 2.106, Relatores os Ministros Néri da Silveira, Ilmar Galvão, Octavio Gallotti, Celso de Mello e Moreira Alves, respectivamente; RE 392.876, Relator Ministro Sepúlveda Pertence; e REs 367.817, 369.109 e 359.782, de minha relatoria.

6. No caso, muito embora a jurisprudência desta colenda Corte esteja citada na própria ementa do aresto recorrido (fls. 86), entendo por bem explicitar o comando decisório, porquanto este se limitou a fazer referência genérica às 'diferenças salariais devidas, conforme transcrito alhures (item 2).

Assim, frente ao § 1º-A do art. 557 do CPC, dou provimento parcial ao recurso somente para declarar que a verba de representação não incide sobre a 'parcela autônoma de equivalência'.

Publique-se."[6]

---

[6] RE 485.913-1-PB, de 31.8.2006 (Estado da Paraíba *vs.* Wallene de Figueirêdo Aranha). Rel.: Min. Carlos Britto (DJ n. 174, Seção 1, de 11.9.2006, pp. 90-1).

D. REDUÇÃO DE PROVENTOS

Entendeu o STF que proventos de aposentadoria de quatro ministros aposentados da Corte não poderiam ser reduzidos ao limite fixado pelo art. 37, XI, da Constituição. Decidiu o Excelso Pretório que o acréscimo percebido deve ser mantida ate que seu montante seja absorvido pelo teto salarial. A ementa do MS 24.875-1-DF, de 11.5.2006, em que é relator o Min. Sepúlveda Pertence, tem o seguinte teor:

*"**I. Ministros aposentados do Supremo Tribunal Federal: proventos (subsídios): teto remuneratório: pretensão de imunidade à incidência do teto sobre o adicional por tempo de serviço (ATS), no percentual máximo de 35% e sobre o acréscimo de 20% a que se refere o art. 184, III, da Lei 1.711/52, combinado com o art. 250 da L. 8.112/90: mandado de segurança deferido, em parte.***

II. Controle incidente de constitucionalidade e o papel do Supremo Tribunal Federal.

Ainda que não seja essencial à decisão da causa ou que a declaração de ilegitimidade constitucional não aproveite à parte suscitante, não pode o Tribunal — dado o seu papel de 'guarda da Constituição' — se furtar a enfrentar o problema de constitucionalidade suscitado incidentemente (v. g. SE 5.206-AgR, 8.5.97, Pertence, RTJ 190/908; Inq 1915, 05.08.2004, Pertence, DJ 05.08.2004; RE 102.553, 21.8.86, Rezek, DJ 13.02.87).

III. Mandado de segurança: possibilidade jurídica do pedido: viabilidade do controle da constitucionalidade formal ou material das emendas à Constituição.

IV. Magistrados. Subsídios, adicional por tempo de serviço e o teto do subsídio ou dos proventos, após a EC 41/2003: argüição de inconstitucionalidade, por alegada irrazoabilidade da consideração do adicional por tempo de serviço quer na apuração do teto (EC 41/03, art. 8º), quer na das remunerações a ele sujeitas (art. 37, XI, CF, cf EC 41/2003): rejeição.

1. Com relação a emendas constitucionais, o parâmetro de aferição de sua constitucionalidade é estreitíssimo, adstrito às limitações materiais, explícitas ou implícitas, que a Constituição imponha induvidosamente ao mais eminente dos poderes instituídos, qual seja o órgão de sua própria reforma.

2. Nem da interpretação mais generosa das chamadas 'cláusulas pétreas' poderia resultar que um juízo de eventuais inconveniências se convertesse em declaração de inconstitucionalidade da emenda constitucional que submeta certa vantagem funcional ao teto constitucional de vencimentos.

3. No tocante à magistratura — independentemente de cuidar-se de uma emenda constitucional — a extinção da vantagem, decorrente da instituição do subsídio em 'parcela única', a nenhum magistrado pode ter acarretado prejuízo financeiro indevido.

4. Por força do art. 65, VIII, da LOMAN (LC 35/79), desde sua edição, o adicional cogitado estava limitado a 35% calculados sobre o vencimento e a representação mensal (LOMAN, Art. 65, § 1º), sendo que, em razão do teto constitucional primitivo estabelecido para todos os membros do Judiciário, nenhum deles poderia receber, a título de ATS, montante superior ao que percebido por Ministro do Supremo Tribunal Federal, com o mesmo tempo de serviço (cf. voto do Ministro Néri da Silveira, na ADIn 14, RTJ 130/475,483).

5. Se assim é — e dada a determinação do art. 8º da EC 41/03, de que, na apuração do 'valor da maior remuneração atribuída por lei (...) a Ministro do Supremo Tribunal Federal', para fixar o teto conforme o novo art. 37, XI, da Constituição, ao vencimento e à representação do cargo, se somasse a 'parcela recebida em razão do tempo de serviço' — é patente que, dessa apuração e da sua aplicação como teto dos subsídios ou proventos de todos os magistrados, não pode ter resultado prejuízo indevido no tocante ao adicional questionado.

6. É da jurisprudência do Supremo Tribunal que não pode o agente público opor, à guisa de direito adquirido, a pretensão de manter determinada fórmula de composição de sua remuneração total, se, da alteração, não decorre a redução dela.

7. Se dessa forma se firmou quanto a normas infraconstitucionais, o mesmo se há de entender, no caso, em relação à emenda constitucional, na qual os preceitos impugnados, se efetivamente aboliram o adicional por tempo de serviço na remuneração dos magistrados e servidores pagos mediante subsídio, é que neste — o subsídio — foi absorvido o valor da vantagem.

8. Não procede, quanto ao ATS, a alegada ofensa ao princípio da isonomia, já que, para ser acolhida, a argüição pressuporia que a Constituição mesma tivesse erigido o maior ou menor tempo de serviço em fator compulsório do tratamento remuneratório dos servidores, o que não ocorre, pois o adicional correspondente não resulta da Constituição, que apenas o admite — mas, sim, de preceitos infraconstitucionais.

V. Magistrados: acréscimo de 20% sobre os proventos da aposentadoria (Art. 184, III, da L. 1.711/52, c/c o art. 250 da L. 8.112/90) e o teto constitucional após a EC 41/2003: garantia constitucional de irredutibilidade de vencimentos: intangibilidade.

1. Não obstante cuidar-se de vantagem que não substantiva direito adquirido de estatura constitucional, razão por que, após a EC 41/2003, não seria possível assegurar sua percepção indefinida no tempo, fora ou além do teto a todos submetido, aos impetrantes, porque magistrados, a Constituição assegurou diretamente o direito à irredutibilidade de vencimentos — modalidade qualificada de direito adquirido, oponível às emendas constitucionais mesmas.

2. Ainda que, em tese, se considerasse susceptível de sofrer dispensa específica pelo poder de reforma constitucional, haveria de reclamar para tanto norma expressa e inequívoca, a que não se presta o art. 9º da EC 41/03, pois o art. 17 ADCT, a que se reporta, é norma referida ao momento inicial de vigência da Constituição de 1988, no qual incidiu e, neste momento, pelo fato mesmo de incidir, teve extinta a sua eficácia; de qualquer sorte, é mais que duvidosa a sua compatibilidade com a 'cláusula pétrea' de indenidade dos direitos e garantias fundamentais outorgados pela Constituição de 1988, recebida como ato constituinte originário.

3. Os impetrantes — sob o pálio da garantia da irredutibilidade de vencimentos —, têm direito a continuar percebendo o acréscimo de 20% sobre os proventos, até que seu montante seja absorvido pelo subsídio fixado em lei para o Ministro do Supremo Tribunal Federal.

VI. Mandado de segurança contra ato do Presidente do Supremo Tribunal: questões de ordem decididas no sentido de não incidência, no caso, do disposto no artigo 205, parágrafo único e inciso II, do RISTF, que têm em vista hipótese de impedimento do Presidente do Supremo Tribunal, não ocorrente no caso concreto.

1. O disposto no parágrafo único do art. 205 do RISTF só se aplica ao Ministro-Presidente que tenha praticado o ato impugnado e não ao posterior ocupante da Presidência.

2. De outro lado, o inciso II do parágrafo único do art. 205 do RISTF prevê hipótese excepcional, qual seja, aquela em que, estando impedido o presidente do STF, porque autor do ato impugnado, o Tribunal funciona com número par, não sendo possível solver o empate."[7]

E. TEMPO DE SERVIÇO NA INICIATIVA PRIVADA. NÃO CÔMPUTO PARA FINS DE GRATIFICAÇÃO

O tempo de serviço prestado à iniciativa privada não pode ser computado para fins de percepção de gratificação. Esta a decisão do Min. Cezar Peluso, no RE 430.145-8-RS, de 2.5.2006, *verbis:*

"1. Trata-se de recurso extraordinário contra acórdão proferido pelo Tribunal Regional Federal da 4ª Região e assim ementado:

'ADMINISTRATIVO. MAGISTRADO. TEMPO DE SERVIÇO. CONTAGEM PARA FINS DE QÜINQÜÊNIO. Depois de averbado o tempo de serviço privado, nos assentamentos funcionais do magistrado, e computado para efeito de gratificação adicional, não é possível a supressão da vantagem, com base em decisão superveniente da Suprema Corte a respeito da interpretação da norma legal que fundamentou a sua concessão (art. 65, VIII, da Lei Complementar n. 35, e art. 1º, do Decreto-lei n. 2.019/83), por imperativo de segurança jurídica. Aplica-se, por analogia, à espécie, a orientação jurisprudencial dominante que inadmite a ação rescisória fundada em ofensa a disposição legal de interpretação controvertida nos Tribunais, ainda que tenha a sua jurisprudência, posteriormente, firmado-se em sentido contrário (Súmula n. 343).' (fl. 187).

Sustenta a recorrente, com base no art. 102, III, ***a****, ter havido violação ao disposto nos artigos 153, §3º, da Constituição pretérita, e 5º, XXXVI, e 95, III, da Constituição Federal.*

2. Consistente o recurso

O Plenário desta Corte, ao julgar a ***RP n. 1.490*** *(Rel. Min.* ***CARLOS MADEIRA,*** *DJ 28.09.88), assentou não ser compu-*

---

[7] MS 24.875-1-DF, de 11.5.2006 (Djaci Alves Falcão e outro(s) *vs.* Presidente do Supremo Tribunal Federal e Supremo Tribunal Federal). Rel.: Min. Sepúlveda Pertence (DJ n. 193, Seção 1, de 6.10.2006, p. 33).

tável, para fins de atribuição da gratificação adicional a magistrados da União, como é a requerente, o tempo de serviço prestado a pessoas jurídicas de direito privado, a não ser quando integrantes da administração pública indireta. O aresto está sintetizado nesta ementa:

'REPRESENTAÇÃO DE INTERPRETAÇÃO DE LEI EM TESE. ARTIGO 65, VIII DA LEI COMPLEMENTAR N. 35, DE 14.3.79 E ARTIGO 1º, DO DECRETO-LEI N. 2.019, DE 28.3.79. TEMPO DE SERVIÇO COMPUTÁVEL PARA FINS DE CONCESSÃO DE GRATIFICAÇÃO ADICIONAL AOS MAGISTRADOS DA UNIÃO. A INTELIGÊNCIA DOS DISPOSITIVOS MENCIONADOS RESULTA EM RELAÇÃO AOS MAGISTRADOS, NUM CONCEITO MAIS AMPLO DA PRESTAÇÃO DE SERVIÇO PÚBLICO, DE MODO A ABRANGER, ALÉM DA ADMINISTRAÇÃO DIRETA E AUTÁRQUICA, AS EMPRESAS PÚBLICAS, SOCIEDADES DE ECONOMIA MISTA E FUNDAÇÕES INSTITUÍDAS PELO PODER PÚBLICO. DESCABE, PORÉM, A CONTAGEM DE TEMPO DE SERVIÇO EM EMPRESA PRIVADA, NÃO TENDO RELEVO, PARA AQUELES FINS, O CRITÉRIO DE CONTAGEM RECÍPROCA DE TEMPO DE SERVIÇO PÚBLICO E DE ATIVIDADE PRIVADA, ADOTADO PARA FINS DE APOSENTADORIA PELA PREVIDÊNCIA SOCIAL. REPRESENTAÇÃO ACOLHIDA, PARA DECLARAR QUE NÃO É COMPUTÁVEL, PARA FINS DE GRATIFICAÇÃO ADICIONAL DEVIDA AOS MAGISTRADOS DA UNIÃO, O TEMPO DE SERVIÇO PRESTADO A PESSOAS DE DIREITO PRIVADO, SALVO QUANDO INTEGRANTES DA ADMINISTRAÇÃO PÚBLICA INDIRETA — EMPRESAS PÚBLICAS, SOCIEDADES DE ECONOMIA MISTA E FUNDAÇÕES INSTITUÍDAS PELO PODER PÚBLICO, AINDA QUE DESPIDAS DE NATUREZA AUTÁRQUICA.'

E é a orientação adotada:

*'ACÓRDÃO QUE DEFERIU PEDIDO DOS AUTORES DE SER COMPUTADO, PARA FINS DE ADICIONAIS DE TEMPO DE SERVIÇO, O TEMPO EM QUE PRESTARAM SERVIÇO PERANTE ENTIDADE PRIVADA, LIGADA AO SISTEMA PREVIDENCIÁRIO FEDERAL. ALEGAÇÃO DE AFRONTA AOS ARTS. 2º; 5º, II, 37, **CAPUT;** E 40, § 3º, DA CONSTITUIÇÃO FEDERAL. Patente a afronta ao princípio da legalidade, já que inexistindo lei que disponha sobre contagem do tempo de serviço em entidade privada para fins de adicional, não há, em face do princípio da estrita legalidade que rege a administração pública, como se entender esteja a administração compelida*

*a efetuar o referido cômputo. Recurso extraordinário conhecido e provido.' (**RE n. 218.382**, Rel. Min. **ILMAR GALVÃO**, DJ 14.05.99)*

***3**. Do exposto, com base no art. 557, § 1º-A, do Código de Processo Civil, com a redação dada pela Lei n. 9.756, de 17.12.1998, conheço do recurso extraordinário e dou-lhe provimento, para julgar improcedente a ação, invertidos os ônus da sucumbência.*

Publique-se. Int."[8]

[8] RE 430.145-8-RS, de 2.5.2006 (União *vs.* Tânia Rosa Maciel de Oliveira). Rel.: Min. Cezar Peluso (DJ n. 92, Seção 1, de 16.5.2006, p. 58).

3. *MINISTÉRIO PÚBLICO. FILIAÇÃO PARTIDÁRIA*

De acordo com o decidido na ADIN 1.377-7-DF, os membros do Ministério Público podem ter filiação partidária, mas, para isso, devem se afastar de suas funções institucionais, mediante licença, nos termos da lei. Foi relator do acórdão o Min. Nelson Jobim, e a deliberação plenária do STF foi tomada a 3.6.1998, tendo o decisório sido publicado a 16.2.2006, com o seguinte teor:

> *"Ação direta de inconstitucionalidade. 2. A expressão 'ressalvada a filiação', constante do inciso V do art. 44 da Lei 8.625, de 12.2.93. 3. Dispositivo que permite a filiação de membros do Ministério Público a partido político. 4. Alegação de incompatibilidade com o art. 128, § 5º, inciso II, da Constituição. 5. Ação julgada procedente, em parte, para, sem redução de texto, dar ao inciso V do art. 44 da Lei 8.625, de 12.2.93, interpretação conforme a Constituição, para fixar como única exegese constitucionalmente possível aquela que apenas admite a filiação partidária de representante do Ministério Público dos Estados-membros, se realizadas nas hipóteses de afastamento, do integrante do Parquet, de suas funções institucionais, mediante licença, nos termos da lei."*[9]

[9] ADIn 1.377-7-DF, de 3.6.98 (Procurador-Geral da República *vs.* Presidente da República e Congresso Nacional). Rel.: Min. Nelson Jobim (DJ n. 34, Seção 1, de 16.2.2006, p. 3).

4. MUDANÇA DE REGIME[10]. REMUNERAÇÃO

Em aresto da lavra do Min. Celso de Mello, a 2ª Turma do STF entendeu, unanimemente, que não há direito adquirido do servidor de ter inalterado seu regime jurídico, no entanto, deve ser preservado o montante global de sua remuneração. Assim foi decidido no AG REG no AI 528.138-0-MS, a 11.10.2005, *verbis*:

> *"AGRAVO DE INSTRUMENTO — SERVIDOR PÚBLICO ESTATUTÁRIO — **INALTERABILIDADE** DO REGIME JURÍDICO — **DIREITO ADQUIRIDO** — INEXISTÊNCIA — REMUNERAÇÃO — **PRESERVAÇÃO** DO MONTANTE **GLOBAL** — OFENSA À IRREDUTIBILIDADE DE VENCIMENTOS — RECURSO **IMPROVIDO**.*
>
> *— **Não há direito adquirido** do servidor público estatutário **à inalterabilidade** do regime jurídico pertinente à composição dos vencimentos, **desde** que a eventual modificação introduzida por ato legislativo superveniente **preserve o montante global** da remuneração, **e**, em conseqüência, **não provoque** decesso de caráter pecuniário.*
>
> ***Precedentes**."*[11]

---

[10] Sobre mudança de regime, v., nesta coletânea, v. 4, p. 136, e v. 5, p. 125

[11] AI 528.138-0-MS, de 11.10.2005 (Estado de Mato Grosso do Sul *vs.* Sindicato dos Servidores e Funcionários Administrativos lotados e ligados à Secretaria de Receita e Controle — SINDSARC — MS). Rel.: Min. Celso de Mello (DJ n. 53, Seção, de 17.3.2006, p. 37).

5. ORDEM DOS ADVOGADOS. CONSTITUCIONALIDADE DE SEU ESTATUTO. CARÁTER JURÍDICO DA ENTIDADE

Em três ADINs, dispositivos da Lei n. 8.906, de 4.7.1994, foram apreciados pelo Excelso Pretório. A seguir, são transcritas as decisões da Suprema Corte.

No primeiro caso, a ADIn 1.105-7-DF, o acórdão foi relatado pelo Min. Ricardo Lewandowski, tendo sido, a 17.5.2006, declarado institucional o inciso IX do art. 7º da Lei n. 8.906/94, *verbis:*

> *"O Tribunal, por maioria, julgou procedente a ação para declarar a inconstitucionalidade do inciso IX do artigo 7º da Lei n. 8.906, de 4 de julho de 1994, vencidos os Senhores Ministros Marco Aurélio (Relator) e Sepúlveda Pertence. Votou a Presidente, Ministra Ellen Gracie. Redigirá o acórdão o Senhor Ministro Ricardo Lewandowski. Falaram, pelo Ministério Público Federal, o Dr. Antônio Fernando Barros e Silva de Souza, Procurador-Geral da República e, pelo interessado, Conselho Federal da Ordem dos Advogados do Brasil, o Dr. José Guilherme Vilela. Plenário, 17.05.2006."*[12]

No segundo caso, a ADIN 1.127-8-DF, também relatado o acórdão pelo Min. Ricardo Lewandowski, a 17.5.2006, vários dispositivos da Lei n. 8.906/94 foram encaminhados, e a decisão está assim minudenciando a posição da Suprema Corte:

> *"O Tribunal, examinando os dispositivos impugnados na Lei n. 8.906, de 4 de julho de 1994: **a)** por unanimidade, em relação ao inciso I do artigo 1º, julgou prejudicada a alegação de inconstitucionalidade relativamente à expressão "juizados*

[12] ADIn 1.105-7-DF, de 4.7.1994 (Procurador-Geral da República *vs.* Presidente da República e Congresso Nacional. Interessado: Conselho Federal da Ordem dos Advogados do Brasil). Rel.: Min. Marco Aurélio (DJ n. 100, Seção 1, de 26.5.2006, p. 6).

especiais", e, por maioria, quanto à expressão "qualquer", julgou procedente a ação direta, vencidos os Senhores Ministros Relator e Carlos Britto; ***b)*** *por unanimidade, julgou improcedente a ação direta, quanto ao § 3º do artigo 2º, nos termos do voto do Relator;* ***c)*** *por maioria, julgou parcialmente procedente a ação para declarar a inconstitucionalidade da expressão "ou desacato", contida no § 2º do artigo 7º, vencidos os Senhores Ministros Relator e Ricardo Lewandowski;* ***d)*** *por unanimidade, julgou improcedente a ação direta, quanto ao inciso II do artigo 7º, nos termos do voto do Relator;* ***e)*** *por unanimidade, julgou improcedente a ação direta, quanto ao inciso IV do artigo 7º, nos termos do voto do Relator;* ***f)*** *por maioria, entendeu não estar prejudicada a ação relativamente ao inciso V do artigo 7º, vencidos os Senhores Ministros Joaquim Barbosa e Cezar Peluso. No mérito, também por maioria, declarou a inconstitucionalidade da expressão 'assim reconhecidas pela OAB', vencidos os Senhores Ministros Relator, Eros Grau e Carlos Britto;* ***g)*** *por maioria, declarou a inconstitucionalidade relativamente ao inciso IX do artigo 7º, vencidos os Senhores Ministros Relator e Sepúlveda Pertence;* ***h)*** *por unanimidade, julgou improcedente a ação direta quanto ao § 3º do artigo 7º;* ***i)*** *por votação majoritária, deu pela procedência parcial da ação para declarar a inconstitucionalidade da expressão 'e controle', contida no § 4º do artigo 7º, vencidos os Senhores Ministros Relator, Ricardo Lewandowski, Carlos Britto e Sepúlveda Pertence, sendo que este último também declarava a inconstitucionalidade da expressão 'e presídios', no que foi acompanhado pelo Senhor Ministro Celso de Mello;* ***j)*** *por maioria, julgou parcialmente procedente a ação, quanto ao inciso II do artigo 28, para excluir apenas os juízes eleitorais e seus suplentes, vencido o Senhor Ministro Marco Aurélio;* ***k)*** *e, por votação majoritária, quanto ao artigo 50, julgou parcialmente procedente a ação para, sem redução de texto, dar interpretação conforme ao dispositivo, de modo a fazer compreender a palavra 'requisitar' como dependente de motivação, compatibilização com as finalidades da lei e atendimento de custos desta requisição. Ficam ressalvados, desde já, os documentos cobertos por sigilo. Vencidos os Senhores Ministros Relator, Eros Grau, Carlos Britto e Sepúlveda Pertence. Votou a Presidente, Ministra Ellen Gracie. Redigirá o acórdão o Senhor Ministro Ricardo Lewandowski. Falaram, pelo Ministério Público Federal, o Dr. Antônio Fernando Barros e*

Silva de Souza, Procurador-Geral da República, requerente, Associação dos Magistrados Brasileiros-AMB, o Dr. Sérgio Bermudes e, pelo interessado, Conselho Federal da Ordem dos Advogados do Brasil, o Dr. José Guilherme Vilela. Plenário, 17.05.2006."[13]

A terceira ADIn cuida do alcance do § 1º do art. 79 da Lei n. 8.906/74, identificando o caráter jurídico da OAB, não se exigindo a realização de concurso público para ser seu empregado, considerando que se trata de uma entidade prestadora de serviço público independente. O julgado é a ADIn 3.026-4-DF, de 8.6.2006, relatado pelo Min. Eros Grau, e a ementa tem o seguinte teor:

"AÇÃO DIRETA DE INCONSTITUCIONALIDADE. § 1º DO ARTIGO 79 DA LEI N. 8.906, 2ª PARTE. 'SERVIDORES' DA ORDEM DOS ADVOGADOS DO BRASIL. PRECEITO QUE POSSIBILITA A OPÇÃO PELO REGIME CELESTISTA. COMPENSAÇÃO PELA ESCOLHA DO REGIME JURÍDICO NO MOMENTO DA APOSENTADORIA. INDENIZAÇÃO. IMPOSIÇÃO DOS DITAMES INERENTES À ADMINISTRAÇÃO PÚBLICA DIRETA E INDIRETA. CONCURSO PÚBLICO (ART. 37, II DA CONSTITUIÇÃO DO BRASIL). INEXIGÊNCIA DE CONCURSO PÚBLICO PARA A ADMISSÃO DOS CONTRATADOS PELA OAB. AUTARQUIAS ESPECIAIS E AGÊNCIAS. CARÁTER JURÍDICO DA OAB. ENTIDADE PRESTADORA DE SERVIÇO PÚBLICO INDEPENDENTE. CATEGORIA ÍMPAR NO ELENCO DAS PERSONALIDADES JURÍDICAS EXISTENTES NO DIREITO BRASILEIRO. AUTONOMIA E INDEPENDÊNCIA DA ENTIDADE. PRINCÍPIO DA MORALIDADE. VIOLAÇÃO DO ARTIGO 37, CAPUT, *DA CONSTITUIÇÃO DO BRASIL. NÃO OCORRÊNCIA.*

1. A Lei n. 8.906, artigo 79, § 1º, possibilitou aos 'servidores' da OAB, cujo regime outrora era estatutário, a opção pelo regime celetista. Compensação pela escolha: indenização a ser paga à época da aposentadoria.

---

[13] ADIn 1.127-8-DF, de 17.5.2006 (Associação dos Magistrados Brasileiros — AMB *vs.* Presidente da República e Congresso Nacional. Interessado: Conselho Federal da Ordem dos Advogados do Brasil). Rel.: Min. Marco Aurélio (DJ n. 100, Seção 1, de 26.5.2006, p. 7).

2. Não procede a alegação de que a OAB sujeita-se aos ditames impostos à Administração Pública Direta e Indireta.

3. A OAB não é uma entidade da Administração Indireta da União. A Ordem é um serviço público independente, categoria ímpar no elenco das personalidades jurídicas existentes no direito brasileiro.

4. A OAB não está incluída na categoria na qual se inserem essas que se tem referido como "autarquias especiais" para pretender-se afirmar equivocada independência das hoje chamadas 'agências'.

5. Por não consubstanciar uma entidade da Administração Indireta, a OAB não está sujeita a controle da Administração, nem a qualquer das suas partes está vinculada. Essa não-vinculação é formal e materialmente necessária.

6. A OAB ocupa-se de atividades atinentes aos advogados, que exercem função constitucionalmente privilegiada, na medida em que são indispensáveis à administração da Justiça [artigo 133 da CB/88]. É entidade cuja finalidade é afeita a atribuições, interesses e seleção de advogados. Não há ordem de relação ou dependência entre a OAB e qualquer órgão público.

7. A Ordem dos Advogados do Brasil, cujas características são autonomia e independência, não pode ser tida como congênere dos demais órgãos de fiscalização profissional. A OAB não está voltada exclusivamente a finalidades corporativas. Possui finalidade institucional.

8. Embora decorra de determinação legal, o regime estatutário imposto aos empregados da OAB não é compatível com a entidade, que é autônoma e independente.

9. Improcede o pedido do requerente no sentido de que se dê interpretação conforme o artigo 37, inciso II, da Constituição do Brasil ao caput do artigo 79 da Lei n. 8.906, que determina a aplicação do regime trabalhista aos servidores da OAB.

10. Incabível a exigência de concurso público para admissão dos contratados sob o regime trabalhista pela OAB.

11. Princípio da moralidade. Ética da legalidade e moralidade. Confinamento do princípio da moralidade, que não pode ser ultrapassada, sob pena de dissolução do próprio sistema. Desvio de poder ou de finalidade.

12. Julgo improcedente o pedido."[14]

---

[14] ADIn 3.026-4-DF, de 8.6.2006 (Procurador-Geral da República *vs.* Presidente da República e Congresso Nacional. Interessado: Conselho Federal da Ordem dos Advogados do Brasil). Rel.: Min. Eros Grau (DJ n. 188, Seção 1, de 29.9.2006, p. 31-2).

6. PROMOÇÃO POR MERECIMENTO. CRITÉRIOS

O objeto do presente *mandamus* é o exame dos critérios adotados para promoção de juiz pelo critério de merecimento. A decisão, da lavra do Min. Sepúlveda Pertence, no MS 25.979-5-DF, nego a segurança, a 19.5.2006, pelos seguintes fundamentos:

> *"Cuida-se de mandado de segurança, com pedido de liminar, impetrado contra ato do Presidente da República, consubstanciado na escolha de candidato para assumir o cargo de Juiz do Tribunal Regional do Trabalho da 12ª Região/SC.*
>
> *Aduz a impetrante — juíza trabalhista — que o TRT da 12ª Região, ao editar resolução com o objetivo de atender as determinações do Conselho Nacional de Justiça sobre o estabelecimento de critérios objetivos para a aferição de merecimento (Resolução 7/2006), 'praticamente repetiu os ditames do ato normativo editado pelo CNJ' (Resolução 6/2005).*
>
> *Portanto, ante a ausência de "elementos mais sólidos e robustos para o equacionamento do critério de merecimento" (f. 10), teria ocorrido a equiparação dos candidatos — quanto a este critério — na escolha dos componentes da lista tríplice a ser enviada ao Presidente da República, para preenchimento de vaga — mediante promoção — naquele Tribunal.*
>
> *Sustenta, então, a necessidade de aplicação do critério de antiguidade, pelo qual — afirma a impetrante — deveria compor a lista do TRT da 12ª Região.*
>
> *Violados, portanto, os artigos 1º, 3º, IV, 93, III, 115, II, e 93, IX, da Constituição Federal; bem como o parágrafo único do art. 5º da Resolução 6/2005 do CNJ*[15].

---

[15] Resolução n. 6/2005.

"Art. 5º Durante o prazo referido no artigo anterior e até que sejam editados os respectivos atos administrativos, os membros dos Tribunais que participarem dos procedimentos de votação para promoção por merecimento deverão fundamentar detalhadamente suas indicações, apontando critérios valorativos que levaram à escolha. Parágrafo único. Na ausência de especificação de critérios valorativos, que permitam diferenciar os magistrados inscritos, deverão ser indicados os de maior antigüidade na entrância ou no cargo".

*Daí o pedido de liminar — caracterizado o **fumus boni juris** na iminência da posse do candidato escolhido, em solenidade marcada para o próximo dia 22.5.2006 (segunda-feira) —, para que seja determinada 'a suspensão dos efeitos da nomeação realizada pelo Sr. Presidente da República, evitando-se a iminente posse do magistrado já nomeado, Juiz Garibaldi Tadeu Pereira Ferreira'. Requer, ainda, seja requisitada a degravação 'do processo de votação promovido pelo TRT-12ª Região, a fim de corroborar os argumentos ora suscitados' (f. 30).*

No mérito, pede seja anulado o processo de votação dos integrantes da lista tríplice e a inclusão da impetrante na lista a ser elaborada, 'em razão da sua antigüidade, já que não foi assinalada distinção quanto ao critério de merecimento'.

Pugna também pela anulação da Resolução n. 7/2006 do TRT, e que seja determinada a elaboração de outra "que atenda em objetividade e transparência ao critério de merecimento, em estrita consonância à Constituição Federal e à Resolução n. 06/2005 (CNJ)' (f.31).

Decido.

*Certo, assentou o Tribunal que, 'ao receber a indicação do Tribunal ou a lista por ele composta, o Presidente da República tem não apenas o poder, mas o poder dever de recusálas se entender viciadas por ilegalidade ou por inconstitucionalidade: donde, a sua legitimação para responder, como autoridade coatora, ao mandado de segurança que impugna a lista de merecimento que se alega organização com ofensa à Constituição' (MS 21632, Pleno, **Sepúlveda Pertence**, RTJ 152/493).*

Consta do art. 4º da Resolução 6/2005 do Conselho Nacional de Justiça:

'Art. 4º — No prazo de 120 (cento e vinte) dias, os Tribunais deverão editar atos administrativos disciplinando:

I — a valoração objetiva de desempenho, produtividade e presteza no exercício da jurisdição, para efeito de promoção por mérito.

II — a freqüência e o aproveitamento em cursos oficiais ou reconhecidos de aperfeiçoamento ou especializaII — a freqüência e o aproveitamento em cursos oficiais ou reconhecidos de aperfeiçoamento ou especialização de magistrados que serão considerados para fins de ascensão por mérito, com a respectiva gradação; e

III — até que sejam regulamentados o inciso I do parágrafo único do art. 105 e o inciso I do § 2º do art. 111-A, ambos da Constituição, os cursos que serão considerados para fins de promoção por merecimento com a respectiva gradação, observados, para efeito de participação nesses cursos, critérios de isonomia e de razoabilidade, respeitado sempre o interesse público.

Parágrafo único. No prazo referido no caput, *os Tribunais deverão enviar ao Conselho Nacional de Justiça cópias dos respectivos atos.'*

Em obediência a este dispositivo, editou o TRT da 12ª Região a Resolução 7/2006, na qual se lê:

'Art. 2º — O merecimento será apurado levando em consideração o contido no art. 35 da Lei Orgânica da Magistratura Nacional, notadamente os critérios de desempenho, de urbanidade, de freqüência, de eficiência e de qualidade na atuação jurisdicional.

§ 1º — A aferição do desempenho profissional do juiz importará o exame dos seguintes parâmetros:

I — ***ausência de reclamações correcionais julgadas procedentes****;*

II — inexistência de nulidade de decisões por falta de fundamentação;

III — urbanidade e decoro;

IV — pontualidade e assiduidade;

V — recusa indevida ao cumprimento imediato de decisões de que seja destinatário;

VI — ausência de sentenças redistribuídas a outros juízes em razão de acúmulo ou atraso.

§ 2º — A produtividade e a presteza no exercício da jurisdição serão aferidas segundo as informações prestadas pela Corregedoria, observadas as especificidades da Região de atuação do magistrado.

§ 3º — A Corregedoria fará constar dos respectivos relatórios, na eventualidade de sua ocorrência, o número de processos redistribuídos a outros juízes para prolação de sentença, com identificação de seu prolator.' (destaquei)

Evidente, portanto, que não se cuida de mera repetição do ato do CNJ, como afirma a impetrante.

*Impossível, de qualquer forma, examinar o pretenso conflito entre as resoluções na via eleita: 'não cabe mandado de segurança contra lei em tese' (**Súmula 266**).*

Quanto ao argumento de ausência de critérios objetivos na elaboração da lista tríplice pelo TRT, observo que, após a apresentação dos dez candidatos, disse a Corregedora daquele Tribunal quando da votação questionada (f. 40/41):

*'O meu relatório, na verdade, acresce ao de V.Exa. as relações com produtividade, com cursos, com ocorrências havidas durante a vida profissional em termos de expedientes ou de reclamações correcionais. Existem, também observações sobre os períodos de férias e os prazos médios para prolação de sentenças. Tenho incluído no dossiê que foi repassado ao gabinete de V.Exas. a produtividade dos Juízes enquanto convocados para o Tribunal. (...). Consta dos registros desta Corregedoria que foram **julgadas procedentes as reclamações correcionais** propostas contra os Exmos. Juízes **Maria Aparecida Caitano** (PA-RCO n. 19/1994), Mari Eleda Migliorini (PA-RCO n. 13/1997) e José Ernesto Manzi (PA-RCO n. 05/1992 e PA-RCO n. 13/2004). **Somente as decisões proferidas na PA-RCO n. 05/1992 e na PA-RCO n. 13/2004 foram objeto de agravo regimental**.' (negritei)*

Ora, pelo que se percebe, não há, quanto aos candidatos escolhidos para compor a lista tríplice, registro de reclamações correcionais perante a Corregedoria daquele Tribunal.

Os depoimentos de alguns dos votantes em favor da impetrante e o resultado da votação, antes confirmam a utilização de critérios objetivos — devidamente especificados — do que demonstram a equiparação entre os candidatos, conforme sustenta a impetrante.

*Finalmente, a pretensão da impetrante de fazer prevalecer sua **antigüidade**, na composição da lista de **merecimento**, vai de encontro à jurisprudência do Supremo Tribunal, que entende inconstitucional o critério de desempate postulado (**v. g.** ADIn 189, 9.10.91, **Celso**, RTJ 138/371; AO 70, 9.4.92, **Pertence**, RTJ 147/345).*

Não há falar, assim, em direito líquido e certo: "o direito líquido e certo, pressuposto constitucional de admissibilidade do *mandado de segurança, é requisito de ordem processual, atinente à existência de prova inequívoca dos fatos em que se baseia a pretensão do impetrante e não à procedência desta, matéria de mérito'. (RE 177936, **Sepúlveda Pertence**, RTJ 133/1314)*

Nego seguimento ao pedido."[16]

[16] MS 25.979-5-DF, de 19.5.2006 (Maria Aparecida Caitano *vs.* Presidente da República). Rel.: Min. Sepúlveda Pertence (DJ n. 100, Seção 1, de 26.5.2006, p. 47).

7. SERVIDOR PÚBLICO

A. ACUMULAÇÃO[17]

É vedada a acumulação de duas aposentadorias. Nesse sentido, decidiu a 2ª Turma, a 6.12.2005, em voto relatado pela Min. Ellen Gracie no AG REG no AI 479.810-7-PR, *verbis*:

> *"CONSTITUCIONAL. SERVIDOR PÚBLICO. ACUMULAÇÃO DE VENCIMENTOS COM PROVENTOS DE DUAS APOSENTADORIAS. IMPOSSIBILIDADE.*
>
> *I. — A acumulação de proventos e vencimentos somente é permitida quando se tratar de cargos, funções ou empregos acumuláveis na atividade, na forma permitida na Constituição.*
>
> *II. — Não é permitida a acumulação de proventos de duas aposentadorias com os vencimentos de cargo público, ainda que proveniente de aprovação em concurso público antes da EC 20/98.*
>
> *III. — Agravo não provido."*[18]

B. CARGO EM COMISSÃO. INEXISTÊNCIA DE ESTABILIDADE SINDICAL

Servidor público ocupante de cargo em comissão não goza de estabilidade sindical, como decidiu o Min. Joaquim Barbosa, a 3.11.2005, no RE 247.278-1-SC, *verbis:*

> *"Trata-se de recurso extraordinário (art. 102, III, a, da Constituição) interposto pelo município de Imaruí-SC de deci-*

[17] V., nesta coletânea, v. 6, p. 167

[18] AG REG NO AI 479.810-7-PR, de 6.12.2005 (Izabel Tereza Schoemberger *vs.* Estado do Paraná). Rel.: Min. Carlos Velloso (DJ n. 25, Seção 1, de 3.2.2006, p. 43).

são em que o Tribunal de Justiça do Estado de Santa Catarina reconhecera a estabilidade provisória a servidor público dirigente sindical.

Eis a ementa da decisão recorrida (fls. 108):

'MANDADO DE SEGURANÇA — IMPETRANTE DETENTOR DE CARGO DE ENTIDADE SINDICAL — EXONERAÇÃO — DEC. N. 002/97 — FERIMENTO A DIREITO LÍQUIDO E CERTO — ESTABILIDADE PROVISÓRIA — EXEGESE DOS ARTS. 8º, INCS. I E VII E 37, INC. VI, DA CF/88 — ORDEM CONCEDIDA — RECURSO PROVIDO.

'O servidor público municipal, mesmo que não concursado, detém a estabilidade sindical provisória se eleito para cargo de representação sindical, a teor do disposto no art. 8º, VIII da Constituição Federal.

'O art. 37, inc. VI da lei fundamental deve ser interpretado em consonância com o art. 8º, inc. VIII, não sendo possível, no caso concreto, distinguir-se servidor concursado e empregado da prefeitura.

'É válido o registro da associação sindical no cartório de registro civil de pessoas jurídicas, para os fins do art. 8º, inc. I, da Carta Magna' (ACMS n. 97.004673-1, de Imaruí, j. em 12.06.97.'

Segundo relata a municipalidade, o recorrido fora contratado pela prefeitura municipal sob o regime celetista, tendo sido, posteriormente, com a instituição do regime jurídico, transformado em estatutário. No fim de 1996, por ocasião da fundação do sindicato dos servidores públicos municipais, o recorrido foi eleito para o respectivo conselho fiscal, como suplente.

O recorrente ressalta que a constituição do sindicato se deu de forma abrupta, no final do mandato do prefeito, que perdeu as eleições daquele ano.

Entende que a decisão recorrida viola o disposto no art. 8º, I, da Constituição, ao considerar existente sindicato que ainda não estava registrado no órgão competente. Alega que o pedido de registro somente se deu em data posterior à demissão do recorrido. Indica, ainda, afronta ao art. 37, II, da Constituição, em virtude da manutenção, nas funções públicas, de servidores que não haviam ingressado no serviço público mediante concurso. Por fim, aponta violação do art. 19 do ADCT, que dispõe serem estáveis, dentre aqueles admitidos no serviço público sem concurso, apenas os que nele ingressaram até cinco anos antes da promulgação da Constituição de 1988, ao passo que a decisão impugnada determina a permanência, no serviço público, daqueles que ingressaram após essa data, mesmo contra o interesse da Administração.

No julgamento do RE 205.107 (rel. min. Sepúlveda Pertence, DJ 06.08.1998), o Pleno concluiu que o condicionamento da garantia da estabilidade provisória ao dirigente sindical à conclusão do processo de registro do sindicato esvazia a norma do art. 8º, I, da Carta Magna, porquanto o registro no Ministério do Trabalho é fato posterior à existência da entidade. Referida decisão ficou assim ementada:

'Estabilidade sindical provisória (CF, art. 8º, VII); reconhecimento da garantia aos diretores eleitos, na assembléia constitutiva da entidade sindical, desde, pelo menos, a data do pedido de registro no Ministério do Trabalho, o que não contraria a exigência deste, constante do art. 8º, I, da Constituição. 1. A constituição de um sindicato 'posto culmine no registro no Ministério do Trabalho (STF, MI 144, 3.8.92, Pertence, RTJ 147/868)' a ele não se resume: não é um ato, mas um processo. 2. Da exigência do registro para o aperfeiçoamento da constituição do sindicato, não cabe inferir que só a partir dele estejam os seus dirigentes ao abrigo da estabilidade sindical: é 'interpretação pedestre', que esvazia de eficácia aquela garantia constitucional, no momento talvez em que ela se apresenta mais necessária, a da fundação da entidade de classe. Com razão o recorrente.'

Contudo, tem razão o recorrente.

É pacífico na jurisprudência do Supremo Tribunal Federal o entendimento de que aqueles que tiverem ingressado no serviço público sem concurso, como é o caso do recorrido, não se beneficiam da estabilidade sindical provisória. Nesse sentido:

'Estabilidade sindical provisória (art. 8º, VIII, CF): não alcança o servidor público, regido por regime especial, ocupante de cargo em comissão e, concomitantemente, de cargo de direção no sindicato da categoria." (RE 183.884, rel. min. Sepúlveda Pertence, DJ 13.08.1999)

Confira-se, ainda, o RE 355.825 (rel. min. Ellen Gracie, DJ 18.08.2004), o RE 231.466 (rel. min. Carlos Velloso, DJ 02.08.2002) e o RE 230.762 (rel. min. Celso de Mello, DJ 15.05.2005).

Ressalta-se, por fim, que esta Corte já teve oportunidade de se manifestar diversas vezes em processos cuja discussão jurídica era a mesma do presente recurso, tendo concluído pela inexistência da estabilidade provisória prevista no art. 8º, I, da Constituição para os servidores do município de Imaruí. (Cf. RE 248.283, rel. Min. Maurício Corrêa, DJ 04.03.2002; RE 230.762, rel. Min. Celso de Mello, DJ 15.05.2002; RE 227.634, rel. Min. Maurício Corrêa, DJ 20.02.2002).

Do exposto, com base no art. 557-A do Código de Processo Civil, dou provimento ao recurso."[19]

C. EXONERAÇÃO. CONTRADITÓRIO

A garantia do devido processo legal existe mesmo para o servidor público sem estabilidade. Assim a decisão unânime da 2ª Turma do STF, no julgamento do AG REG no RE 409.997-7-AL, da relatoria do Min. Carlos Velloso, de 22.11.2005, com o seguinte teor:

"CONSTITUCIONAL. ADMINISTRATIVO. EXONERAÇÃO DE SERVIDOR PÚBLICO. CONTRADITÓRIO E AMPLA DEFESA.

I. — Servidor público, ainda que não goze de estabilidade excepcional, não pode ser exonerado do cargo sem a observância do devido processo legal.

II. — Agravo não provido."[20]

D. QUINTOS E DÉCIMOS

É legal a incorporação das parcelas *quintos* e *décimos*, fundada na Medida Provisória n. 2.225/01, nos vencimentos dos servidores públicos. Nesse sentido a decisão do Min. Eros Grau, de 14.2.2006, no MS 25.763-6-DF, que tem o seguinte teor:

"Trata-se de mandado de segurança impetrado pela União contra ato do Tribunal de Contas da União que reconheceu a

[19] RE 248.278-1-SC, de 23.11.2005 (Município de Imaruí/SC *vs.* José Sirlei Lessa). Rel.: Min. Joaquim Barbosa (DJ n. 32, Seção 1, de 14.2.2006, p. 48).

[20] AG REG NO RE 409.997-7-AL, de 22.11.2005 (Estado de Alagoas *vs.* Joaquim Luiz de Brito). Rel. Min. Carlos Velloso (DJ n. 241, Seção 1, de 16.12.2005, p. 107).

legalidade da incorporação aos vencimentos, dos servidores federais, de parcelas denominadas 'quintos' e 'décimos', com fundamento no art. 3º da MP n. 2.225/01, no período compreendido entre 09.04.98 e 04.09.2001.

2. Alega violação do 'direito líquido e certo da União de que, de acordo com o que prevê o artigo 71 da Constituição, o Tribunal de Contas da União possa atuar, considerando os poderes/deveres que a Carta Magna o dotou, para exigir dos Poderes Executivo, Judiciário e Legislativo, e de seus administradores, o fiel cumprimento das Leis ns. 9.527/97 e 9.624/98, e da MP n. 2.225-45/2001.

3. Afirma que a Lei n. 8.112/90 instituiu a incorporação dos 'quintos' aos vencimentos, dos servidores federais, regulamentada pela Lei n. 8.911/94. A MP n. 831/95 extinguiu a incorporação, determinando que os valores já incorporados fossem convertidos em 'vantagem pessoal nominalmente identificada' — VPNI. A medida provisória previa, ainda, o encaminhamento de projeto de lei estabelecendo outros critérios para a concessão de novas incorporações. Essa previsão foi reproduzida na MP n. 892/95.

4. O Poder Executivo fixou desde logo os requisitos para a concessão das incorporações, na MP n. 939/95, convalidando as medidas provisórias precedentes. As parcelas dos 'quintos' foram transformadas em 'décimos', na razão de um para dois. Essa MP foi reeditada pelas medidas provisórias ns. 968, 993, 1.019, 1.042, 1.068, 1.095 e 1.127.

5. A União sustenta que a medida provisória seguinte [MP n. 1.160/95] não convalidou as precedentes, quebrando a cadeia normativa. Essa MP, ademais, tornou sem efeito a extinção promovida pela MP n. 831/95, ao permitir a incorporação dos 'quintos' a que o servidor faria jus no período compreendido entre as duas medidas provisórias, parcelas essas que seriam imediatamente convertidas em 'décimos'.

6. A MP n. 1.195/95, por sua vez, determinou a incorporação de 'quintos' até 28.02.95 e a incorporação de 'décimos' após essa data. Essa medida foi reeditada e convalidada sucessivamente, nas MPs ns. 1.231, 1.268, 1.307, 1.347, 1.389, 1.432 e 1.480.

7. O TCU noticia a existência paralela de outra cadeia de medidas provisórias, enfatizando a alteração promovida pela MP n. 1.573/97. Numa de suas reedições, que recebeu o número 1.595/97, ficou proibida a incorporação de novas parcelas de 'quintos' ou 'décimos' aos vencimentos dos servidores federais. As parcelas então existentes foram, mais uma vez, transformadas em 'vantagem pessoal nominalmente identificada' — VPNI.

8. Na primeira cadeia normativa, porém, a MP n. 1.480 foi reeditada, voltando a permitir as incorporações, nos termos do caput do seu art. 3º:

'Art. 3º. Serão concedidas ou atualizadas as parcelas de quintos a que o servidor faria jus no período compreendido entre 19 de janeiro de 1995 e a data de publicação desta Medida Provisória, mas não incorporadas em decorrência das normas à época vigentes, observados os critérios: [...]'

9. Segundo a impetrante, a expressão 'data de publicação desta Medida Provisória' não teria permitido novas incorporações, referindo-se às medidas provisórias anteriores.

10. Após a reedição da MP n. 1.480, a MP n. 1.595/97 foi convertida na Lei n. 9.527/97, proibindo futuras incorporações. Reedições posteriores da MP n. 1.480, no entanto, reproduziram a redação do art. 3º acima transcrito, até sua conversão na Lei n. 9.624/98, quando a expressão 'medida provisória' foi substituída por 'lei'.

11. Com base na última redação dos artigos 2º, 3º e 5º da Lei n. 9.624/98, que teriam revogado o art. 15 da Lei n. 9.527/97, os Tribunais Federais têm admitido a incorporação, aos vencimentos dos servidores federais, de parcelas de 'quintos' e 'décimos' até o advento da MP n. 2.225/01.

12. A impetrante assevera, no entanto, que a Lei n. 9.624/98, não operou essa revogação, de modo que até 28.02.95 incorporam-se aos vencimentos dos servidores federais as parcelas denominadas 'quintos' e de 01.03.95 a 11.11.97 a eles se incorporam as parcelas denominadas 'décimos', vedada qualquer incorporação posterior.

13. Requer, liminarmente, a suspensão dos efeitos do Acórdão TCU n. 2.248/2005, concedendo-se a ordem para determinar ao Tribunal de Contas da União que acolha a representação formulada pelo Ministério Público, a fim de que não sejam concedidas aos servidores federais novas parcelas de 'quintos' ou 'décimos' referentes a período posterior a 11.11.97 ou a 08.04.98.

14. Distribuído no período de recesso desta Corte, a Ministra Vice-Presidente solicitou informações à autoridade coatora.

15. O Sindicato dos Trabalhadores do Poder Judiciário e do Ministério Público da União no Distrito Federal — SINDJUS/DF, o Sindicato dos Servidores do Poder Legislativo Federal e do Tribunal de Contas da União — SINDILEGIS/DF e a Associação Nacional dos Servidores da Justiça do Trabalho — ANAJUSTRA apresentaram memoriais [fls. 260/475] suscitando preliminar de ilegitimidade do Advogado Geral da União para a impetração, a incompetência originária do Tribunal para julgamento do writ *e a possibilidade de recurso administrativo com efeito suspensivo no âmbito do Tribunal de Contas. No mérito, confirmam a legalidade das incorporações das parcelas até o ano de 2001.*

16. O TCU manifesta-se pelo descabimento da impetração, visto que o ato impugnado é desprovido de efeitos concretos. Não há, no acórdão, determinação expressa no sentido de incorporação dos 'quintos' aos vencimentos dos servidores, o que importa na inutilidade da pretensão mandamental. A União carece de interesse de agir, ante a ausência do binômio necessidade/utilidade do provimento jurisdicional.

17. Aponta a impossibilidade jurídica do pedido, vez que a impetrante não pode obrigar o Tribunal de Contas da União a acolher representação formulada pelo Ministério Público pela via do mandado de segurança.

18. No mérito reafirma a legalidade da incorporação até 2001, entendimento que conta com pronunciamentos judiciais favoráveis em diversos pleitos de servidores públicos interessados. Não se trata, segundo o TCU, de decisão isolada ou desprovida de fundamentação.

19. É o relatório. Decido.

20. A interposição de novo recurso administrativo ao Tribunal de Contas da União é impossível, vez que, segundo informações obtidas no site da instituição, o processo foi encerrado naquela Corte em 31.01.2006.

21. O Acórdão TCU n. 2.248/2005 foi prolatado no âmbito de uma representação formulada pelo Ministério Público, com base no art. 237 do Regimento Interno daquela Corte de Contas.

*22. A representação foi julgada improcedente, de modo que o dispositivo do acórdão limitou-se a '**firmar o entendimento** de que é devida a incorporação de parcelas de quintos, com fundamento no art. 3º da MP 2.225-45/2001' [fl. 121 —*

grifou-se]. Trata-se de decisão meramente interpretativa, desprovida de caráter impositivo ou cogente, que não tem origem em processo de tomada de contas, tomada de contas especial ou de atos de registro de pensão ou aposentadoria.

23. A incorporação de qualquer parcela aos vencimentos dos servidores federais só poderia ser procedida pela Administração, a quem é facultado acolher ou não o entendimento firmado pela Corte de Contas. Vê-se para logo que o ato impugnado carece de efeitos concretos que permitam a apreciação pelo Supremo na via do mandado de segurança.

24. O Acórdão TCU n. 2.248/2005 respeita a situações gerais e abstratas. Produz efeitos análogos ao de uma 'lei em tese', ato contra o qual não cabe mandado de segurança [veja-se a Súmula n. 266 desta Corte[1]].

25. A lei em tese, como anota HELY LOPES MEIRELLES[2]:

'(...) como norma abstrata de conduta, não é atacável por mandado de segurança [STF Súmula 266], pela óbvia razão de que não lesa, por si só, qualquer direito individual. Necessária se torna a conversão da norma abstrata em ato concreto para expor-se à impetração, mas nada impede que, na sua execução, venha a ser declarada inconstitucional pela via do mandamus.*'*

26. A ausência de efeitos concretos no ato reputado ilegal denuncia a falta de interesse de agir da impetrante. A eventual concessão da segurança não produziria qualquer resultado no que concerne à lesão ou ameaça a direito noticiada. O provimento jurisdicional não teria o condão de anular ou inibir as incorporações determinadas pela Administração.

27. Por fim, o pedido é juridicamente impossível. A União pede a concessão da segurança, a fim de que o TCU 'acolha a representação formulada pelo Ministério Público', como se ela fosse titular do direito de decidir pelo Tribunal de Contas [fl. 40].

28. Pretende com o presente mandado de segurança a reapreciação da interpretação consumada pelo Tribunal de Contas da União, obrigando-o ao acolhimento da representação formulada pelo MPU.

29. O Tribunal de Contas da União proferiu o Acórdão n. 2.248/2005 no quadro da competência a ele constitucionalmente estabelecida. A via mandamental não consubstancia nova oportunidade de recurso, com o fito de substituir decisões administrativas definitivas, porém instrumento de controle da legalidade dos atos administrativos.

30. O ato impugnado, que consolida entendimento a respeito da matéria de remuneração dos servidores, é expressivo do exercício, pelo Tribunal de Contas da União, da função fiscalizadora que lhe incumbe, ampliada de forma significativa pela Constituição de 1988. O avanço promovido pela ordem constitucional vigente, legitimando a Corte de Contas para o exercício do controle externo dos atos da Administração, não pode ser esvaziado mediante o acolhimento da pretensão deduzida pela União.

Nego seguimento ao presente writ com fundamento no art. 21, § 1º, do RISTF c/c art. 267, IV e VI, do CPC.

Publique-se."[21]

E. REAJUSTE SALARIAL

O reajuste de 10,87% concedido aos trabalhadores do setor privado não pode ser estendido a servidores públicos, ainda que por decisão judicial. Nesse sentido decidiu o STF, no AI 587.943-1-RS, a 7.2.2006, sendo relator o Min. Celso de Mello.

A ementa do julgado é a seguinte:

*"CONCESSÃO, **POR LEI**, AOS TRABALHADORES DO SETOR PRIVADO, DE REAJUSTE **DE 10,87%** (LEI N. 10.192/ 2001). PRETENDIDA **EXTENSÃO JURISDICIONAL**, AOS SERVIDORES PÚBLICOS, DESSE REAJUSTE SALARIAL. **INADMISSIBILIDADE**. RESERVA DE LEI **E** POSTULADO DA SEPARAÇÃO DE PODERES. AGRAVO **IMPROVIDO**.*

*— O Poder Judiciário — **que não dispõe** de função legislativa — **não pode conceder**, a servidores públicos, **sob fundamento** de isonomia, **mesmo** que se trate de hipótese de **exclusão de benefício**, a extensão, **por via jurisdicional**, de determinado reajuste salarial que foi **exclusivamente** outorgado aos trabalhadores do setor privado. **Precedentes. Doutrina**.*

*— A **Súmula 339** do Supremo Tribunal Federal — **que consagra** específica projeção do princípio da separação de poderes — **foi recebida** pela Carta Política de 1988, **revestindo-se**, em conseqüência, de plena eficácia **e** de integral aplicabilidade sob a **vigente** ordem constitucional. **Precedentes**.*

[21] MS 25.763-6-DF, de 14.2.2006 (União *vs.* Tribunal de Contas da União). Rel. Min. Eros Grau (DJ n. 35, Seção 1, de 17.2.2006, p. 73). No mesmo sentido: RE 453.559-9-DF, de 9.3.2006 (Ministério Público do Distrito Federal e Territórios *vs.* Luiz Alberto Lima). Rel. Min. Sepúlveda Pertence (DJ n. 57, Seção 1, de 23.3.2006, p. 58).

A decisão tem o seguinte teor:

"A controvérsia jurídico-constitucional ***suscitada*** *no recurso extraordinário a que se refere o presente agravo de instrumento —* ***extensão****, aos servidores públicos, do percentual* ***de 10,87%*** *concedido, aos trabalhadores da iniciativa privada, pela Lei n. 10.192/2001 —* ***já foi dirimida*** *por ambas as Turmas do Supremo Tribunal Federal (****RMS 24.651/DF****, Rel. Min. MARCO AURÉLIO —* ***RE 395.921-AgR/DF****, Rel. Min. CARLOS VELLOSO —* ***RE 413.983-AgR/DF****, Rel. Min. CARLOS VELLOSO,* **v. g.***):*

*'****CONSTITUCIONAL****. ADMINISTRATIVO.* ***SERVIDOR PÚBLICO****:* ***VENCIMENTOS****,* ***REAJUSTE****. MEDIDA PROVISÓRIA n. 1.053/95,* ***CONVERTIDA*** *NA LEI n. 10.192/2001,* ***art. 9º****.*

I. ***Reajuste salarial*** *concedido aos trabalhadores da iniciativa privada.* ***Impossibilidade*** *de sua extensão aos servidores públicos:* ***CF****, art. 37, X (lei específica);* ***Súmula 339-STF****.*

II. Agravo ***não*** *provido.'*

*(****AI 454.705-AgR/DF****, Rel. Min. CARLOS VELLOSO —* ***grifei****)*

Cabe ressaltar *que essa orientação* ***vem sendo observada*** *em sucessivas decisões — monocráticas* ***e*** *colegiadas —* ***proferidas*** *no âmbito desta Suprema Corte (****AI 460.291-AgR/DF****, Rel. Min. CARLOS VELLOSO —* ***AI 471.972-AgR/DF****, Rel. Min. CARLOS VELLOSO —* ***RE 395.914/PR****, Rel. Min. ELLEN GRACIE —* ***RE 395.959/DF****, Rel. Min. ELLEN GRACIE —* ***RE 396.001/DF****, Rel. Min. ELLEN GRACIE —* ***RE 415.457/DF****, Rel. Min. CELSO DE MELLO —* ***RE 419.939/DF****, Rel. Min. CEZAR PELUSO,* **v. g.***).*

O ***exame*** *da presente causa —* ***considerados*** *os precedentes jurisprudenciais referidos —* ***evidência que não assiste razão*** *à parte ora agravante, pois* ***não se revela*** *constitucionalmente possível, ao Poder Judiciário,* ***estender****, em sede jurisdicional, aos servidores públicos,* ***determinado*** *reajuste salarial (10,87%),* ***somente*** *passível de concessão,* ***quanto*** *a eles,* ***mediante lei****.*

Como se sabe*, a* ***disciplina jurídica*** *da remuneração devida aos agentes públicos em geral* ***está sujeita*** *ao princípio da reserva absoluta de lei. Esse postulado constitucional* ***submete****, ao domínio normativo da lei formal, a veiculação das regras pertinentes ao instituto do estipêndio funcional.*

O ***princípio*** *da divisão funcional do poder* ***impede*** *que, estando em plena vigência o ato legislativo, venham, os Tribunais,*

***a ampliar-lhe** o conteúdo normativo **e a estender** a sua eficácia jurídica a situações subjetivas nele **não** previstas, **ainda** que a pretexto de tornar efetiva a cláusula isonômica inscrita na Constituição.*

***Cumpre insistir**, neste ponto, **na asserção** de que o Poder Judiciário — **que não dispõe** de função legislativa — **não pode** conceder, a servidores públicos, civis ou militares, **sob fundamento** de isonomia, **extensão de vantagens pecuniárias** que foram outorgadas, por lei, **somente** aos trabalhadores do setor privado, **sob pena de transgressão** ao princípio da reserva absoluta de lei.*

***Não constitui demasia** observar, **a propósito** do que consagra a Súmula 339/STF, **que a reserva de lei** — consoante **adverte** JORGE MIRANDA ('**Manual de Direito Constitucional**', tomo V/217-220, item n. 62, 2ª ed., 2000, Coimbra Editora) — **traduz** postulado **revestido de função excludente**, de caráter negativo (**que veda**, nas matérias a ela sujeitas, **como sucede** no caso ora em exame, **quaisquer** intervenções, **a título primário**, de órgãos estatais **não-legislativos**), **e cuja incidência também reforça**, positivamente, o princípio **que impõe**, à administração **e** à jurisdição, a **necessária** submissão aos comandos **fundados** em norma legal, **de tal modo que**, conforme **acentua** o ilustre Professor da Universidade de Lisboa, '**quaisquer intervenções** — tenham conteúdo normativo ou não normativo — de órgãos administrativos ou jurisdicionais **só podem** dar-se **a título secundário**, derivado ou executivo, **nunca com critérios próprios ou autônomos de decisão**' (**grifei**).*

***Não cabe**, pois, ao Poder Judiciário, **na matéria em questão**, atuar na **anômala** condição **de legislador positivo** (**RTJ** 126/48 — **RTJ** 143/57 — **RTJ** 146/461-462 — **RTJ** 153/765 — **RTJ** 161/739-740 — **RTJ** 175/1137, **v. g.**), para, **em assim agindo**, proceder **à imposição de seus próprios** critérios, **afastando**, desse modo, os fatores que, no âmbito de nosso sistema constitucional, **só podem ser legitimamente definidos pelo Parlamento**.*

*É que, **se** tal fosse possível, o Poder Judiciário — **que não dispõe** de função legislativa (Súmula 339/STF) — **passaria** a desempenhar atribuição que lhe é **institucionalmente** estranha (**a de legislador positivo**), **usurpando**, desse modo, **no contexto** de um sistema de poderes **essencialmente** limi-*

tados, ***competência que não lhe pertence****, com* ***evidente transgressão*** *ao princípio constitucional da separação de poderes.*

Impõe-se considerar*, ainda, o fato de que* ***a Súmula 339*** *do Supremo Tribunal Federal —* ***que consagra****, na jurisprudência desta Corte, uma específica projeção do princípio da separação de poderes —* ***foi recebida pela Carta Política de 1988****, revestindo-se, em conseqüência, de plena eficácia* ***e*** *de integral aplicabilidade sob a* ***vigente*** *ordem constitucional (****RMS 21.662/ DF****, Rel. Min. CELSO DE MELLO).*

Assentadas *tais premissas,* ***e tendo em vista*** *o magistério jurisprudencial que esta Suprema Corte* ***firmou*** *na matéria em referência,* ***impende*** *assinalar que o* ***exame*** *da presente causa* ***evidencia*** *que o acórdão impugnado em sede recursal extraordinária* ***ajusta-se****, com integral fidelidade, ao entendimento exposto* ***nesta*** *decisão.*

Sendo assim*, e pelas razões expostas,* ***nego provimento*** *ao presente agravo de instrumento,* ***eis que*** *se revela* ***inviável*** *o recurso extraordinário a que ele se refere.*

Publique-se."[22]

[22] AI 587.943-1-RS, de 7.2.2006 (Maria Djanira da Silva *vs.* União). Rel.: Min. Celso de Mello (DJ n. 55, Seção 1, de 21.3.2006, p. 48).

8. SOCIEDADE DE ECONOMIA MISTA. NORMAS ADMINISTRATIVAS

Aos empregados de sociedades de economia mista não se aplicam comandos constitucionais que regem os atos administrativos, não tendo, por conseqüência, direito a estabilidade devida a servidores públicos. Assim a decisão unânime da 2ª Turma do Excelso Pretório, em julgado da Min. Ellen Gracie, de 13.12.2005, no AG REG no AI 442.897-6-ES, *verbis*:

> *"1. Esta Corte orientou-se no sentido de que as disposições constitucionais que regem os atos administrativos não podem ser invocadas para estender aos funcionários de sociedade de economia mista, que seguem a Consolidação das Leis do Trabalho, uma estabilidade aplicável somente aos servidores públicos, estes sim submetidos a uma relação de direito administrativo.*
>
> *2. A aplicação das normas de dispensa trabalhista aos empregados de pessoas jurídicas de direito privado está em consonância com o disposto no § 1º do art. 173 da Lei Maior, sem ofensa ao art. 37,* caput *e II, da Carta Federal.*
>
> *3. Agravo regimental improvido."*[23]

---

[23] AG REG NO AI 442.897-6-ES, de 13.12.2005 (Silvana Silva Monteiro *vs.* Banco do Estado do Espírito Santo S/A — BANESTES). Rel.: Min. Ellen Gracie (DJ n. 43, Seção 1, de 3.3.2006, p. 74).

PARTE V

PREVIDÊNCIA SOCIAL

1. APOSENTADORIA. SERVIDOR DE EMBAIXADA DO BRASIL NO EXTERIOR

Servidor de embaixada do Brasil no exterior tem direito de se aposentar pela previdência social brasileira. Decisão nesse sentido do Min. Cezar Peludo, no RE 445.421-1-PE, de 16.4.2006, a seguir:

*"**1.** Trata-se de recurso extraordinário interposto contra acórdão proferido pelo Tribunal Regional Federal da 5ª Região e assim ementado:*

'CONSTITUCIONAL. ADMINISTRATIVO. AUXILIAR LOCAL DE NACIONALIDADE BRASILEIRA CONTRATADO POR EMBAIXADA DO BRASIL NO EXTERIOR. LEI N. 3.917/61. APOSENTADORIA PERANTE A PREVIDÊNCIA SOCIAL BRASILEIRA.

— O auxiliar local, contratado antes da Lei n. 8.745/93, está submetido ao regime jurídico único, nos termos do art. 3º da CLT combinado com o art. 243 da Lei n. 8.112/90, porquanto não realizou concurso público, submetendo-se, assim, ao regime celetista, e prestou serviços na embaixada por tempo indeterminado.

— A teor do art. 67, § 1º, da Lei n. 8.745/93, o auxiliar local de nacionalidade brasileira que, em razão da vedação constante na legislação alienígena não possa se aposentar perante o sistema previdenciário do país de domicílio, será segurado da previdência do Brasil.

— Compete exclusivamente à União arcar financeiramente com os débitos previdenciários oriundos dos recolhimentos mensais não realizados à época, em virtude do ato omissivo de inscrição dele como beneficiário do sistema de previdência.

Embargos infringentes providos.'

Sustenta a recorrente, com base no art. 102, III, **a***, a ocorrência de violação ao art. 19, do ADCT.*

2. Inadmissível o recurso.

*Com efeito, o tema constitucional agora suscitado não foi objeto de nenhuma consideração no acórdão impugnado, faltando-lhe, assim, o requisito do prequestionamento, que deve ser explícito (**Súmulas 282** e **356**).*

*Ademais, tendo transitado em julgado a decisão do STJ que negou seguimento ao recurso especial, permanece incólume o fundamento infraconstitucional e bastante da decisão que submeteu o recorrido ao regime jurídico único, nos termos do art. 3º da CLT combinado com o art. 243 da Lei n. 8.112/90, o que inviabiliza o extraordinário ante os termos da **Súmula 283**.*

Conclui-se, então, que quando do advento da Constituição Federal de 1988 e, mais especificamente, do art. 19 do ADCT, o recorrido ostentava a condição jurídica de empregado público sujeito ao regime da Consolidação das Leis do Trabalho, não lhe sendo aplicável, destarte, a hipótese prevista no § 2º do mesmo diploma legal.

*Não bastassem os óbices acima, verifica-se, ainda, que o aresto recorrido decidiu a causa com base na interpretação da legislação infraconstitucional (arts. 3º da CLT, 243 da Lei n. 8.112/90 e 67, § 1º, da Lei n. 8.745/93), para reconhecer comprovados os requisitos necessários à inclusão do recorrido como segurado obrigatório da Previdência Social brasileira, de modo que eventual ofensa à Constituição dependeria de reexame prévio de normas subalternas e do conjunto probatório. Ora, é pacífica a jurisprudência desta Corte, no sentido de não tolerar, em recurso extraordinário, alegação de ofensa que, irradiando-se de má interpretação, aplicação e, até, inobservância de normas infraconstitucionais, seria apenas indireta à Constituição da República, e, muito menos, de reexame de provas. (**Súmulas 279 e 280**)*

*É o que tem decidido a Corte (cf. **RE n. 462.693**, Rel. Min. **EROS GRAU**, DJ 17.11.2005; **RE n. 148.512**, Rel. Min. **ILMAR GALVÃO**, DJ 02.08.1996; **AI n. 157.906-AgR**, Rel. Min. **SYDNEY SANCHES**, DJ 09.12.1994; **AI n. 145.680-AgR**, Rel. Min. **CELSO DE MELLO**, DJ 30.04.1993).*

***3.** Do exposto, nego seguimento ao recurso (art. 21, § 1º, do RISTF, art. 38 da Lei n. 8.038, de 28.05.90, e art. 557 do CPC).*

Publique-se. Int..”[1]

---

[1] RE 445.421-1-PE, de 16.4.2006 (União vs. Waldemiro Leão de Freitas). Rel. Min. Cezar Peluso (DJ n. 98, Seção 1, de 24.5.2006, pp. 52-3).

PARTE VI

OUTROS TEMAS

1. LIMITES AO PODER DE TRIBUTAR

Os limites do Estado ao poder de tributar encontram-se na própria Constituição, especialmente no sentido de que não pode comprometer a liberdade de trabalho, comércio e indústria do contribuinte. Essa decisão, de grande alcance, é a constante do AI 571.672-5, da lavra do Min. Celso de Mello, de 19.12.2005, *verbis*:

> *"**SANÇÕES POLÍTICAS** NO DIREITO TRIBUTÁRIO. **INADMISSIBILIDADE** DA UTILIZAÇÃO, PELO PODER PÚBLICO, **DE MEIOS GRAVOSOS E INDIRETOS** DE COERÇÃO ESTATAL **DESTINADOS** A COMPELIR O CONTRIBUINTE INADIMPLENTE A PAGAR O TRIBUTO (SÚMULAS 70, 323 **E** 547 DO STF). **RESTRIÇÕES ESTATAIS**, QUE, **FUNDADAS** EM EXIGÊNCIAS **QUE TRANSGRIDEM** OS POSTULADOS DA RAZOABILIDADE **E** DA PROPORCIONALIDADE EM SENTIDO ESTRITO, **CULMINAM POR INVIABILIZAR**, SEM JUSTO FUNDAMENTO, O EXERCÍCIO, PELO SUJEITO PASSIVO DA OBRIGAÇÃO TRIBUTÁRIA, DE ATIVIDADE ECONÔMICA **OU** PROFISSIONAL LÍCITA. **LIMITAÇÕES ARBITRÁRIAS** QUE NÃO PODEM SER IMPOSTAS PELO ESTADO AO CONTRIBUINTE EM DÉBITO, **SOB PENA** DE OFENSA AO 'SUBSTANTIVE DUE PROCESS OF LAW'. **IMPOSSIBILIDADE CONSTITUCIONAL** DE O ESTADO LEGISLAR DE MODO ABUSIVO **OU** IMODERADO (**RTJ** 160/140-141 — **RTJ** 173/807-808 — **RTJ** 178/22-24). **O PODER DE TRIBUTAR** — QUE ENCONTRA **LIMITAÇÕES ESSENCIAIS** NO PRÓPRIO TEXTO CONSTITUCIONAL, INSTITUÍDAS **EM FAVOR** DO CONTRIBUINTE — 'NÃO PODE CHEGAR À DESMEDIDA DO PODER DE DESTRUIR' (MIN. OROSIMBO NONATO, **RDA** 34/132). A PRERROGATIVA ESTATAL DE TRIBUTAR **TRADUZ** PODER CUJO EXERCÍCIO **NÃO PODE COMPROMETER** A LIBERDADE DE TRABALHO, DE COMÉRCIO E DE INDÚSTRIA DO CONTRIBUINTE. **A SIGNIFICAÇÃO TUTELAR**, EM NOSSO SISTEMA JURÍDICO, DO 'ESTATUTO CONSTITUCIONAL DO CONTRIBUINTE'. **DOUTRINA**. **PRECEDENTES**. AGRAVO **IMPROVIDO**.*

***Suscitou-se**, na causa **de que se originou** o presente agravo de instrumento, **controvérsia** impregnada do mais alto relevo jurídico.*

***Refiro-me** à discussão em torno da possibilidade constitucional de o Poder Público **impor restrições**, ainda que fundadas em lei, **destinadas a compelir** o contribuinte inadimplente **a pagar** o tributo **e que culminam**, quase sempre, em decorrência **do caráter gravoso e indireto** da coerção utilizada pelo Estado, **por inviabilizar** o exercício, pela empresa devedora, de atividade econômica lícita.*

***No caso** ora em análise, **põe-se em destaque** o exame da legitimidade constitucional de exigência estatal **que erigiu** a prévia satisfação de débito tributário **em requisito necessário** à outorga, pelo Poder Público, de autorização para a impressão de documentos fiscais.*

***Cabe acentuar**, neste ponto, **que o Supremo Tribunal Federal**, **tendo presentes** os postulados constitucionais **que asseguram** a livre prática de atividades econômicas **lícitas** (**CF**, art. 170, parágrafo único), de um lado, **e** a liberdade de exercício profissional (**CF**, art. 5º, XIII), de outro — **e considerando**, ainda, que o Poder Público **dispõe** de meios legítimos **que lhe permitem** tornar efetivos os créditos tributários —, **firmou** orientação jurisprudencial, **hoje consubstanciada** em enunciados sumulares (**Súmulas** 70, 323 e 547), **no sentido de que a imposição**, pela autoridade fiscal, **de restrições** de índole punitiva, **quando** motivada tal limitação **pela mera inadimplência** do contribuinte, **revela-se contrária** às liberdades públicas ora referidas (**RTJ 125/395**, Rel. Min. OCTAVIO GALLOTTI).*

***Esse entendimento** — cumpre enfatizar — **tem sido observado em sucessivos julgamentos** proferidos por esta Suprema Corte, **quer sob a égide do anterior** regime constitucional, **quer em face da vigente** Constituição da República (**RTJ 33/99**, Rel. Min. EVANDRO LINS — **RTJ 45/859**, Rel. Min. THOMPSON FLORES — **RTJ 47/327**, Rel. Min. ADAUCTO CARDOSO — **RTJ 73/821**, Rel. Min. LEITÃO DE ABREU — **RTJ 100/1091**, Rel. Min. DJACI FALCÃO — **RTJ 111/1307**, Rel. Min. MOREIRA ALVES — **RTJ 115/1439**, Rel. Min. OSCAR CORREA — **RTJ 138/847**, Rel. Min. CARLOS VELLOSO — **RTJ 177/961**, Rel. Min. MOREIRA ALVES — **RE 111.042/SP**, Rel. Min. CARLOS MADEIRA, **v. g.**):*

*'**CONSTITUCIONAL. TRIBUTÁRIO. ICMS: REGIME ESPECIAL. RESTRIÇÕES DE CARÁTER PUNITIVO. LIBERDADE DE TRABALHO. CF/67**, art. 153, § 23; **CF/88**, art. 5º, XIII.*

*I — **Regime especial de ICM**, autorizado em lei estadual: **restrições e limitações**, nele constantes, **à atividade comercial do contribuinte**, ofensivas à garantia constitucional da liberdade de trabalho (CF/67, art. 153, § 23; CF/88, art. 5º, XIII), **constituindo forma oblíqua de cobrança do tributo**, assim execução política, **que a jurisprudência do Supremo Tribunal Federal sempre repeliu (Súmulas** ns. 70, 323 e 547).*

*II — **Precedente do STF: ERE 115.452-SP**, Velloso, **Plenário**, 04.10.90, 'DJ' de 16.11.90.*

*III — RE **não** admitido. Agravo **não** provido.'*

*(**RE 216.983-AgR/SP**, Rel. Min. CARLOS VELLOSO — **grifei**)*

***É certo** — consoante **adverte** a jurisprudência constitucional do Supremo Tribunal Federal — **que não se reveste** de natureza absoluta a liberdade de atividade empresarial, econômica ou profissional, **eis que inexistem**, em nosso sistema jurídico, direitos **e** garantias impregnados de caráter absoluto:*

'OS DIREITOS E GARANTIAS INDIVIDUAIS <u>NÃO TÊM</u> CARÁTER ABSOLUTO.

***Não há**, no sistema constitucional brasileiro, direitos **ou** garantias que se revistam **de caráter absoluto**, mesmo porque razões de **relevante** interesse público **ou** exigências derivadas do princípio de convivência das liberdades **legitimam**, ainda que **excepcionalmente**, a adoção, por parte dos órgãos estatais, de medidas restritivas das prerrogativas individuais ou coletivas, **desde que respeitados os termos estabelecidos pela própria Constituição**.*

***O estatuto constitucional das liberdades públicas**, ao delinear o regime jurídico a que estas estão sujeitas — e considerado o **substrato ético** que as informa — **permite** que sobre elas **incidam** limitações de ordem jurídica, **destinadas**, de um lado, **a proteger** a integridade do interesse social **e**, de outro, **a assegurar** a coexistência harmoniosa das liberdades, **pois nenhum** direito **ou** garantia pode ser exercido **em detrimento** da ordem pública **ou com desrespeito** aos direitos e garantias de terceiros.'*

*(**RTJ 173/807-808**, Rel. Min. CELSO DE MELLO, **Pleno**)*

*A circunstância A circunstância **de não se revelarem absolutos** os direitos **e** garantias individuais proclamados no texto constitucional **não significa** que a Administração Tributária possa **frustrar** o exercício da atividade empresarial **ou*** *profissional do contribuinte, **impondo-lhe** exigências gravosas, que, **não obstante** as prerrogativas extraordinárias que **(já)** garantem o crédito tributário, **visem**, em última análise, **a constranger** o devedor a satisfazer débitos fiscais que sobre ele incidam.*

***O fato irrecusável**, nesta matéria, **como já evidenciado** pela própria jurisprudência desta Suprema Corte, **é que o Estado não pode valer-se** de meios indiretos de coerção, **convertendo-os em instrumentos de acertamento** da relação tributária, **para**, em função deles — e mediante interdição **ou** grave restrição ao exercício da atividade empresarial, econômica ou profissional — **constranger** o contribuinte **a adimplir** obrigações fiscais eventualmente em atraso.*

*Esse comportamento estatal — **porque** arbitrário **e** inadmissível — **também** tem sido igualmente **censurado** por autorizado magistério doutrinário (HUGO DE BRITO MACHADO, '**Sanções Políticas no Direito Tributário**', **in** Revista Dialética de Direito Tributário n. 30, p. 46/47):*

*'**Em Direito Tributário** a expressão **sanções políticas corresponde** a restrições **ou** proibições impostas ao contribuinte, **como forma indireta** de obrigá-lo ao pagamento do tributo, **tais como a interdição** do estabelecimento, **a apreensão** de mercadorias, **o regime especial** de fiscalização, **entre outras.***

***Qualquer** que seja a restrição **que implique cerceamento** da liberdade de exercer atividade lícita é inconstitucional, **porque contraria** o disposto nos artigos 5º, inciso XIII, e 170, parágrafo único, do Estatuto Maior do País.*

..

São exemplos mais comuns de sanções políticas a apreensão de mercadorias** sem que a presença física destas seja necessária para a comprovação do que o fisco aponta como ilícito; **o denominado regime especial** de fiscalização; **a recusa de autorização para imprimir notas fiscais**; **a inscrição em cadastro** de inadimplentes com as restrições daí decorrentes; **a recusa de certidão** negativa de débito quando não existe lançamento consumado contra o contribuinte; **a suspensão e até o cancelamento** da inscrição do contribuinte no respectivo cadastro, **entre muitos outros.

***Todas essas práticas são flagrantemente inconstitucionais**, entre outras razões, **porque**: a) **implicam indevida restrição** ao direito de exercer atividade econômica, indepen-*

dentemente de autorização de órgãos públicos, assegurado pelo art. 170, parágrafo único, da vigente Constituição Federal; ***e b)*** ***configuram*** *cobrança sem o devido processo legal,* ***com grave violação*** *do direito de defesa do contribuinte,* ***porque*** *a autoridade que a este impõe a restrição não é a autoridade competente para apreciar se a exigência é ou não legal.' (****grifei****)*

Cabe referir*, a propósito da controvérsia suscitada no recurso extraordinário* ***a que se refere*** *o presente agravo de instrumento —* ***recusa*** *de autorização estatal para impressão de notas fiscais —,* ***a lição*** *de EDISON FREITAS DE SIQUEIRA, em obra monográfica* ***que versou*** *o tema das chamadas '****sanções políticas****' impostas ao contribuinte inadimplente ('****Débito Fiscal — análise crítica e sanções políticas****', p. 61/62, item 2.3, 2001, Sulina):*

'Portanto, emerge incontroverso o fato de que uma empresa*, para que possa exercer suas atividades,* ***necessita*** *de sua inscrição estadual,* ***bem como de permanente autorização da expedição de notas fiscais****, sendo necessário obter nas Secretarias da Fazenda de cada estado da federação onde vendam seus produtos, o respectivo reconhecimento de direito à utilização de sistemas especiais de arrecadação, bem como na transferência de créditos acumulados,* ***além da obtenção da respectiva Autorização para Impressão de Documentos Fiscais (AIDF)****, em paralelo às notas fiscais.*

Salienta-se *que qualquer ação contrária do Estado, quanto à concessão e reconhecimento dos direitos inerentes às questões no parágrafo anterior referendadas, constitui 'sanção política', medida despótica e própria de ditadores, porque subverte o sistema legal vigente.*

Nesse sentido*, vale tecer algumas considerações do efetivo SIGNIFICADO DA NOTA FISCAL para uma empresa ou profissional que mantenha a atividade lícita 'trabalho', até porque, o instrumento alternativo posto à disposição do contribuinte, notas fiscais avulsas, é situação equivalente à marginalidade, além de tratar-se de meio absolutamente inviável a uma atividade econômica significativa (volumosa).*

A importância da nota fiscal ou AIDF *para o desenvolvimento das atividades comerciais de uma empresa seja ela de indústria ou comércio, decorre do fato de que somente por meio destas é que se torna possível oficializar e documentar operações de circulação de mercadorias, a ponto de que sem essas, a circulação de mercadoria é atividade ilícita, punível, inclusive, com a respectiva apreensão das mesmas.*

Neste sentido, revela-se, pois, totalmente imprópria à figura da nota fiscal avulsa, solução muito justificada por fiscais de ICMS e Procuradores de Estado em audiências que solicitam ao Poder Judiciário, mas que, na prática, constitui artimanha muito maliciosa que só serve para prejudicar o contribuinte, em circunstância totalmente defesa em lei, como adiante ficará elucidado.

*Não raro, a fiscalização aponta, como recurso em situações de desagrado ao contribuinte, o uso das chamadas 'notas fiscais avulsas'. Fazem-no, por certo, por desconhecimento de toda a gama de obtusa burocracia que envolve a sua expedição, ou pretendendo iludir os órgãos do Poder Judiciário, caso esses sejam chamados a impor 'poder de controle' contra exacerbação do exercício do poder de tributar, por parte do Poder Executivo.' (**grifei**)*

Cumpre assinalar, por oportuno, **que essa percepção do tema**, **prestigiada** pelo saudoso e eminente Ministro ALIOMAR BALEEIRO (*'**Direito Tributário Brasileiro**', p. 878/880, item n. 2, 11ª ed.*, **atualizado** *por Misabel Abreu Machado Derzi, 1999, Forense*), ***é também compartilhada*** por autorizado magistério doutrinário **que põe em destaque**, no exame dessa matéria, ***o direito do contribuinte ao livre exercício*** de sua atividade profissional **ou** econômica, **cuja prática legítima** — qualificando-se como limitação material ao poder do Estado — **inibe** a Administração Tributária, **em face** do postulado **que consagra** a proibição de excesso (***RTJ 176/578-580***, *Rel. Min. CELSO DE MELLO*), ***de impor***, ao contribuinte inadimplente, **restrições** que configurem **meios gravosos e irrazoáveis** destinados a constranger, ***de modo indireto***, o devedor a satisfazer o crédito tributário (*HUMBERTO BERGMANN ÁVILA, '**Sistema Constitucional Tributário**', p. 324 e 326, 2004, Saraiva; SACHA CALMON NAVARRO COÊLHO, '**Infração Tributária e Sanção**', in '**Sanções Administrativas Tributárias**', p. 420/444, **432**, 2004, Dialética/ICET; HUGO DE BRITO MACHADO SEGUNDO, '**Processo Tributário**', p. 93/95, item n. 2.7, 2004, Atlas; RICARDO LOBO TORRES, '**Curso de Direito Financeiro e Tributário**', p. 270, item n. 7.1, 1995, Renovar,* **v. g.**).

A censura a esse comportamento ***inconstitucional***, quando adotado pelo Poder Público em sede tributária, ***foi registrada***, com extrema propriedade, em ***precisa*** lição, por *HELENILSON CUNHA PONTES ('**O Princípio da Proporcionalidade e o Direito Tributário**', p. 141/143, item n. 2.3, 2000, Dialética)*:

*'O **princípio** da proporcionalidade, **em seu aspecto necessidade**, torna inconstitucional também grande parte **das sanções indiretas ou políticas** impostas pelo Estado sobre os sujeitos passivos que se encontrem em estado de impontualidade com os seus deveres tributários. Com efeito, **se** com a imposição de sanções **menos** gravosas, **e até mais eficazes** (como a propositura de medida cautelar fiscal e ação de execução fiscal), **pode** o Estado realizar o seu direito à percepção da receita pública tributária, **nada justifica** validamente a imposição de sanções indiretas **como a negativa** de fornecimento de certidões negativas de débito, **ou inscrição** em cadastro de devedores, o que resulta em sérias e graves restrições ao exercício da livre iniciativa econômica, que vão da impossibilidade de registrar atos societários nos órgãos do Registro Nacional do Comércio até a proibição de participar de concorrências públicas.*

***O Estado brasileiro**, talvez em exemplo único em todo o mundo ocidental, **exerce**, de forma cada vez mais criativa, **o seu poder de estabelecer sanções políticas** (ou indiretas), **objetivando compelir** o sujeito passivo a cumprir o seu dever tributário. **Tantas foram as sanções tributárias indiretas** criadas pelo Estado brasileiro **que deram origem** a três Súmulas do Supremo Tribunal Federal.*

***Enfim, sempre** que houver a possibilidade de se impor medida **menos** gravosa à esfera jurídica do indivíduo infrator, cujo efeito seja semelhante àquele decorrente da aplicação de sanção mais limitadora, **deve o Estado** optar pela primeira, **por exigência** do princípio da proporcionalidade em seu aspecto necessidade.*

....

***As sanções tributárias** podem revelar-se inconstitucionais, **por desatendimento** à proporcionalidade em sentido estrito (...), **quando** a limitação imposta à esfera jurídica dos indivíduos, **embora** arrimada na busca do alcance de um objetivo protegido pela ordem jurídica, **assume uma dimensão que inviabiliza** o exercício de outros direitos e garantias individuais, **igualmente assegurados** pela ordem constitucional.*

....

Exemplo de sanção tributária claramente desproporcional** em sentido estrito **é a interdição** de estabelecimento comercial ou industrial motivada pela impontualidade do sujeito* *passivo tributário relativamente ao cumprimento de seus deveres tributários.* ***Embora *contumaz devedor tributário, um sujeito passivo* ***jamais pode ver*** *aniquilado completamente o seu direito à livre iniciativa* ***em razão*** *do descumprimento do dever de recolher os tributos por ele devidos aos cofres públicos.* ***O Estado deve responder*** *à impontualidade do sujeito passivo* ***com o lançamento e a execução céleres*** *dos tributos que entende devidos,* ***jamais*** *com o fechamento da unidade econômica.*

Neste sentido*, revelam-se flagrantemente inconstitucionais* ***as medidas*** *aplicadas, no âmbito federal, em conseqüência da decretação do chamado 'regime especial de fiscalização'.* ***Tais medidas****, pela gravidade das limitações que impõem à livre iniciativa econômica,* ***conduzem à completa impossibilidade*** *do exercício desta liberdade,* ***negligenciam****, por completo, o verdadeiro papel da fiscalização tributária em um Estado Democrático de Direito* ***e ignoram*** *o entendimento já consolidado do Supremo Tribunal Federal* ***acerca das sanções indiretas*** *em matéria tributária. Esta Corte, aliás, rotineiramente afasta os regimes especiais de fiscalização, por considerá-los verdadeiras sanções indiretas, que se chocam frontalmente com outros princípios constitucionais,* ***notadamente*** *com a liberdade de iniciativa econômica. (****grifei****)*

É por essa razão É por essa razão *que EDUARDO FORTUNATO BIM, em* ***excelente*** *trabalho dedicado ao tema ora em análise ('A Inconstitucionalidade das Sanções Políticas Tributárias no Estado de Direito: Violação ao 'Substantive Due Process of Law' (Princípios da Razoabilidade e da Proporcionalidade)' in "****Grandes Questões Atuais do Direito Tributário****', vol. 8/67-92,* ***83****, 2004, Dialética),* ***conclui****, com indiscutível acerto, 'que as sanções indiretas* ***afrontam****, de maneira autônoma,* ***cada um*** *dos subprincípios da proporcionalidade,* ***sendo inconstitucionais*** *em um Estado de Direito,* ***por violarem*** *não somente este, mais ainda o 'substantive due process of law' (****grifei****).*

Cabe relembrar*, neste ponto,* ***consideradas*** *as referências doutrinárias que venho de expor,* ***a clássica advertência*** *de OROSIMBO NONATO,* ***consubstanciada*** *em decisão proferida pelo Supremo Tribunal Federal (****RE 18.331/SP****),* ***em acórdão*** *no qual aquele eminente e saudoso Magistrado* ***acentuou****, de forma particularmente expressiva,* ***à maneira*** *do que já o fizera o Chief Justice JOHN MARSHALL,* ***quando*** *do julgamento,* ***em 1819****, do célebre caso 'McCulloch v. Maryland', que "o poder de tributar não pode chegar à desmedida do poder* *de destruir" (**RF** 145/164 — **RDA** 34/132), **eis que — como relembra** BILAC PINTO, em conhecida conferência sobre '**Os Limites do Poder Fiscal do Estado**' (**RF** 82/547-562, **552**) — essa extraordinária prerrogativa estatal **traduz**, em essência, "um poder **que somente** pode ser exercido **dentro dos limites** que o tornem **compatível** com a liberdade de trabalho, de comércio e de indústria **e com** o direito de propriedade' (**grifei**).*

***Daí a necessidade de rememorar**, sempre, **a função tutelar** do Poder Judiciário, **investido** de competência institucional **para neutralizar** eventuais abusos das entidades governamentais, que, **muitas vezes** deslembradas **da existência**, em nosso sistema jurídico, de um "estatuto constitucional do contribuinte", **consubstanciador** de direitos e garantias **oponíveis** ao poder impositivo do Estado (**Pet 1.466/PB**, Rel. Min. CELSO DE MELLO, **in** 'Informativo STF1 n. 125), **culminam por asfixiar**, arbitrariamente, o sujeito passivo da obrigação tributária, **inviabilizando-lhe**, injustamente, o exercício de atividades legítimas, **o que só faz conferir** permanente atualidade às palavras do Justice Oliver Wendell Holmes, Jr. ('The power to tax is not the power to destroy while this Court sits'), **em 'dictum' segundo o qual**, em livre tradução, 'o poder de tributar não significa nem envolve o poder de destruir, pelo menos enquanto existir esta Corte Suprema', **proferidas**, ainda que como 'dissenting opinion', **no julgamento**, em 1928, **do caso** 'Panhandle Oil Co. v. State of Mississippi Ex Rel. Knox' (277 U.S. 218).*

***Não se pode perder de perspectiva**, neste ponto, **em face** do conteúdo evidentemente **arbitrário** da exigência estatal **repelida** pelo E. Tribunal de Justiça local, o fato de que, **especialmente** quando se tratar de matéria tributária, **impõe-se**, ao Estado, no processo de elaboração das leis, **a observância** do necessário coeficiente de razoabilidade, **pois**, como se sabe, **todas** as normas emanadas do Poder Público **devem ajustar-se** à cláusula que consagra, **em sua dimensão material**, o princípio do '**substantive due process of law**' (**CF**, art. 5º, LIV), **eis que**, no tema em questão, o **postulado da proporcionalidade** qualifica-se como **parâmetro de aferição** da própria constitucionalidade material dos atos estatais, **consoante** tem proclamado a **jurisprudência** do Supremo Tribunal Federal (**RTJ** 160/140-141 — **RTJ** 178/22-24, **v.g.**):*

*'**O Estado não pode legislar abusivamente**. A atividade legislativa **está necessariamente sujeita** à rígida obser-*

vância de diretriz fundamental, que, encontrando suporte teórico no princípio da proporcionalidade, ***veda os excessos normativos e as prescrições irrazoáveis*** *do Poder Público.*

O princípio da proporcionalidade *— que extrai a sua justificação dogmática de* ***diversas*** *cláusulas constitucionais,* ***notadamente*** *daquela que veicula a garantia do* ***substantive due process of law*** *— acha-se vocacionado a* ***inibir*** *e a* ***neutralizar*** *os* ***abusos*** *do Poder Público no exercício de suas funções,* ***qualificando-se*** *como parâmetro de aferição da própria* ***constitucionalidade material*** *dos atos estatais.*

A norma estatal, ***que não veicula*** *qualquer conteúdo de irrazoabilidade,* ***presta obséquio*** *ao postulado da proporcionalidade,* ***ajustando-se*** *à cláusula que consagra,* ***em sua dimensão material****, o princípio do* ***substantive due process of law*** *(****CF****, art. 5º, LIV).*

Essa cláusula tutelar*, ao inibir os efeitos prejudiciais decorrentes do* ***abuso de poder legislativo****,* ***enfatiza*** *a noção de que a prerrogativa de legislar outorgada ao Estado constitui atribuição jurídica* ***essencialmente*** *limitada,* ***ainda*** *que o momento de abstrata instauração normativa possa repousar em juízo meramente político ou discricionário do legislador.'*

*(****RTJ 176/578-580****, Rel. Min. CELSO DE MELLO,* ***Pleno****)*

Em suma: ***a prerrogativa institucional de tributar****, que o ordenamento positivo reconhece ao Estado,* ***não lhe outorga*** *o poder de suprimir (****ou*** *de inviabilizar) direitos de caráter fundamental, constitucionalmente assegurados ao contribuinte,* ***pois este dispõe****, nos termos da própria Carta Política,* ***de um sistema de proteção*** *destinado a ampará-lo* ***contra eventuais excessos*** *cometidos pelo poder tributante* ***ou****, ainda,* ***contra exigências irrazoáveis*** *veiculadas em diplomas normativos por este editados.*

A ***análise*** *dos autos* ***evidencia*** *que o acórdão proferido pelo E. Tribunal de Justiça do Estado do Rio Grande do Sul* ***ajusta-se*** *à orientação* ***prevalecente*** *no âmbito do Supremo Tribunal Federal,* ***reafirmada*** *em julgamentos recentes emanados desta Suprema Corte (****RE 413.782/SC****, Rel. Min. MARCO AURÉLIO,* ***Pleno — RE 374.981/RS****, Rel. Min. CELSO DE MELLO —* ***RE 409.956/RS****, Rel. Min. CARLOS VELLOSO —*

***RE 409.958/RS**, Rel. Min. GILMAR MENDES — **RE 414.714/RS**, Rel. Min. JOAQUIM BARBOSA — **RE 424.061/RS**, Rel. Min. SEPÚLVEDA PERTENCE — **RE 434.987/RS**, Rel. Min. CEZAR PELUSO, **v.g.**).*

***Sendo assim**, e pelas razões expostas, **nego provimento** ao presente agravo de instrumento, eis que se revela **inviável** o recurso extraordinário a que ele se refere.*

Publique-se."[1]

[1] AI 571.672-5-RS, de 19.12.2005 (Estado do Rio Grande do Sul *vs.* Multiaço Produtos Siderúrgicos Ltda.). Rel. Min. Celso de Mello (DJ n. 26, de 6.2.2006, pp. 91-2).

2. MEIO AMBIENTE

Direito humano de terceira geração, importante para a sobrevivência da humanidade, daí a grande preocupação com as gerações futuras, o meio ambiente é objeto dessa decisão do Pleno do STF, em acórdão da relatoria do Min. Celso de Mello, na MC em ADIn 3.540-1-DF, de 1.9.2005, com o seguinte ementa:

"MEIO AMBIENTE — DIREITO À PRESERVAÇÃO DE SUA INTEGRIDADE (CF, ART. 225) — PRERROGATIVA QUALIFICADA POR SEU CARÁTER DE METAINDIVIDUALIDADE — DIREITO DE TERCEIRA GERAÇÃO (OU DE NOVÍSSIMA DIMENSÃO) QUE CONSAGRA O POSTULADO DA SOLIDARIEDADE — NECESSIDADE DE IMPEDIR QUE A TRANSGRESSÃO A ESSE DIREITO FAÇA IRROMPER, NO SEIO DA COLETIVIDADE, CONFLITOS INTERGENERACIONAIS — ESPAÇOS TERRITORIAIS ESPECIALMENTE PROTEGIDOS (CF, ART. 225, § 1º, III) — ALTERAÇÃO E SUPRESSÃO DO REGIME JURÍDICO A ELES PERTINENTE — MEDIDAS SUJEITAS AO PRINCÍPIO CONSTITUCIONAL DA RESERVA DE LEI — SUPRESSÃO DE VEGETAÇÃO EM ÁREA DE PRESERVAÇÃO PERMANENTE — POSSIBILIDADE DE A ADMINISTRAÇÃO PÚBLICA, CUMPRIDAS AS EXIGÊNCIAS LEGAIS, AUTORIZAR, LICENCIAR OU PERMITIR OBRAS E/OU ATIVIDADES NOS ESPAÇOS TERRITORIAIS PROTEGIDOS, DESDE QUE RESPEITADA, QUANTO A ESTES, A INTEGRIDADE DOS ATRIBUTOS JUSTIFICADORES DO REGIME DE PROTEÇÃO ESPECIAL — RELAÇÕES ENTRE ECONOMIA (CF, ART. 3º, II, C/C O ART. 170, VI) E ECOLOGIA (CF, ART. 225) — COLISÃO DE DIREITOS FUNDAMENTAIS — CRITÉRIOS DE SUPERAÇÃO DESSE ESTADO DE TENSÃO ENTRE VALORES CONSTITUCIONAIS RELEVANTES — OS DIREITOS BÁSICOS DA PESSOA HUMANA E AS SUCESSIVAS GERAÇÕES (FASES OU DIMENSÕES) DE DIREITOS (RTJ 164/158, 160-161) — A QUESTÃO DA PRECEDÊNCIA DO DIREITO À PRESERVAÇÃO DO MEIO AMBIENTE: UMA LIMITAÇÃO CONSTITUCIONAL EXPLÍCITA À ATIVIDADE ECO-

NÔMICA (CF, ART. 170, VI) — DECISÃO NÃO REFERENDADA — CONSEQÜENTE INDEFERIMENTO DO PEDIDO DE MEDIDA CAUTELAR.

A PRESERVAÇÃO DA INTEGRIDADE DO MEIO AMBIENTE: EXPRESSÃO CONSTITUCIONAL DE UM DIREITO FUNDAMENTAL QUE ASSISTE À GENERALIDADE DAS PESSOAS.

— Todos têm direito ao meio ambiente ecologicamente equilibrado. Trata-se de um típico direito de terceira geração (ou de novíssima dimensão), que assiste a todo o gênero humano (RTJ 158/205-206). Incumbe, ao Estado e à própria coletividade, a especial obrigação de defender e preservar, em benefício das presentes e futuras gerações, esse direito de titularidade coletiva e de caráter transindividual (RTJ 164/158-161). O adimplemento desse encargo, que é irrenunciável, representa a garantia de que não se instaurarão, no seio da coletividade, os graves conflitos intergeneracionais marcados pelo desrespeito ao dever de solidariedade, que a todos se impõe, na proteção desse bem essencial de uso comum das pessoas em geral. Doutrina.

A ATIVIDADE ECONÔMICA NÃO PODE SER EXERCIDA EM DESARMONIA COM OS PRINCÍPIOS DESTINADOS A TORNAR EFETIVA A PROTEÇÃO AO MEIO AMBIENTE.

— A incolumidade do meio ambiente não pode ser comprometida por interesses empresariais nem ficar dependente de motivações de índole meramente econômica, ainda mais se se tiver presente que a atividade econômica, considerada a disciplina constitucional que a rege, está subordinada, dentre outros princípios gerais, àquele que privilegia a 'defesa do meio ambiente' (CF, art. 170, VI), que traduz conceito amplo e abrangente das noções de meio ambiente natural, de meio ambiente cultural, de meio ambiente artificial (espaço urbano) e de meio ambiente laboral. Doutrina.

Os instrumentos jurídicos de caráter legal e de natureza constitucional objetivam viabilizar a tutela efetiva do meio ambiente, para que não se alterem as propriedades e os atributos que lhe são inerentes, o que provocaria inaceitável comprometimento da saúde, segurança, cultura, trabalho e bem-estar da população, além de causar graves danos ecológicos ao patrimônio ambiental, considerado este em seu aspecto físico ou natural.

A QUESTÃO DO DESENVOLVIMENTO NACIONAL (CF, ART. 3º, II) E A NECESSIDADE DE PRESERVAÇÃO DA INTEGRIDADE DO MEIO AMBIENTE (CF, ART. 225): O PRINCÍPIO DO DESENVOLVIMENTO SUSTENTÁVEL COMO FATOR DE OBTENÇÃO DO JUSTO EQUILÍBRIO ENTRE AS EXIGÊNCIAS DA ECONOMIA E AS DA ECOLOGIA.

— O princípio do desenvolvimento sustentável, além de impregnado de caráter eminentemente constitucional, encontra suporte legitimador em compromissos internacionais assumidos pelo Estado brasileiro e representa fator de obtenção do justo equilíbrio entre as exigências da economia e as da ecologia, subordinada, no entanto, a invocação desse postulado, quando ocorrente situação de conflito entre valores constitucionais relevantes, a uma condição inafastável, cuja observância não comprometa nem esvazie o conteúdo essencial de um dos mais significativos direitos fundamentais: o direito à preservação do meio ambiente, que traduz bem de uso comum da generalidade das pessoas, a ser resguardado em favor das presentes e futuras gerações.

O ART. 4º DO CÓDIGO FLORESTAL E A MEDIDA PROVISÓRIA N. 2.166-67/2001: UM AVANÇO EXPRESSIVO NA TUTELA DAS ÁREAS DE PRESERVAÇÃO PERMANENTE.

— A Medida Provisória n. 2.166-67, de 24.08.2001, na parte em que introduziu significativas alterações no art. 4º do Código Florestal, longe de comprometer os valores constitucionais consagrados no art. 225 da Lei Fundamental, estabeleceu, ao contrário, mecanismos que permitem um real controle, pelo Estado, das atividades desenvolvidas no âmbito das áreas de preservação permanente, em ordem a impedir ações predatórias e lesivas ao patrimônio ambiental, cuja situação de maior vulnerabilidade reclama proteção mais intensa, agora propiciada, de modo adequado e compatível com o texto constitucional, pelo diploma normativo em questão.

— Somente a alteração e a supressão do regime jurídico pertinente aos espaços territoriais especialmente protegidos qualificam-se, por efeito da cláusula inscrita no art. 225, § 1º, III, da Constituição, como matérias sujeitas ao princípio da reserva legal.

— É lícito ao Poder Público — qualquer que seja a dimensão institucional em que se posicione na estrutura federativa (União, Estados-membros, Distrito Federal e Municípios) — autorizar, licenciar ou permitir a execução de obras e/ou a realização de serviços no âmbito dos espaços territoriais especialmente protegidos, desde que, além de observadas as restrições, limitações e exigências abstratamente estabelecidas em lei, não resulte comprometida a integridade dos atributos que justificaram, quanto a tais territórios, a instituição de regime jurídico de proteção especial (CF, art. 225, § 1º, III)."[2]

---

[2] MC em ADIn 3.540-1-DF, de 1.9.2005 (Instituto Brasileiro de Mineração — IBRAM *vs.* Estado de Mato Grosso do Sul e Estado do Amazonas). Rel. Min. Celso de Mello (DJ n. 25, Seção 1, de 3.2.2006, pp. 11-2).

3. *UNIÃO HOMO-AFETIVA*[3]. *ADIN*

O alcance social da decisão abaixo é grande. Mesmo declarando extinto o processo, o Min. Celso de Mello, apreciando a MC em ADIn 3.300-0-DF, a 3.2.2006, fez diversas considerações de grande relevância jurídica, em decorrência da polêmica existente em torno do tema relativo às uniões homo-afetivas.

Tem o seguinte teor a ementa do julgado.

> *"**UNIÃO CIVIL ENTRE PESSOAS DO MESMO SEXO**. ALTA RELEVÂNCIA SOCIAL **E** JURÍDICO-CONSTITUCIONAL **DA QUESTÃO PERTINENTE ÀS UNIÕES HOMOAFETIVAS**. **PRETENDIDA QUALIFICAÇÃO** DE TAIS UNIÕES COMO ENTIDADES FAMILIARES. **DOUTRINA**. **ALEGADA** INCONSTITUCIONALIDADE **DO ART. 1º** DA LEI N. 9.278/96. NORMA LEGAL **DERROGADA** PELA SUPERVENIÊNCIA **DO ART. 1.723** DO **NOVO** CÓDIGO CIVIL (2002), QUE **NÃO** FOI OBJETO DE IMPUGNAÇÃO **NESTA** SEDE DE CONTROLE ABSTRATO. **INVIABILIDADE**, POR TAL RAZÃO, DA AÇÃO DIRETA. **IMPOSSIBILIDADE JURÍDICA**, DE OUTRO LADO, **DE SE PROCEDER** À FISCALIZAÇÃO NORMATIVA ABSTRATA DE NORMAS CONSTITUCIONAIS **ORIGINÁRIAS** (**CF**, ART. 226, **§ 3º**, NO CASO). **DOUTRINA**. **JURISPRUDÊNCIA** (STF). **NECESSIDADE**, CONTUDO, **DE SE DISCUTIR O TEMA** DAS UNIÕES ESTÁVEIS HOMOAFETIVAS, **INCLUSIVE** PARA EFEITO DE **SUA SUBSUNÇÃO** AO CONCEITO DE ENTIDADE FAMILIAR: **MATÉRIA A SER VEICULADA EM SEDE DE ADPF?**"*

A decisão tem o seguinte teor:

> *"**A Associação** da Parada do Orgulho dos Gays, Lésbicas, Bissexuais e Transgêneros de São Paulo **e a Associação** de Incentivo à Educação e Saúde de São Paulo — **que sustentam**, de um lado, **o caráter fundamental** do direito personalíssimo à orientação sexual **e que defendem**, de outro,*

---

[3] V., nesta coletânea, v. 7, p. 177.

***a qualificação jurídica**, como entidade familiar, **das uniões homoafetivas — buscam** a declaração de inconstitucionalidade **do art. 1º** da Lei n. 9.278/96, **que**, ao regular **o § 3º** do art. 226 da Constituição, reconheceu, **unicamente**, como entidade familiar, 'a união estável **entre o homem e a mulher**, configurada na convivência pública, contínua e duradoura e estabelecida com o objetivo de constituição de família' (**grifei**).*

*As entidades autoras da **presente** ação direta **apóiam** a sua pretensão de inconstitucionalidade **na alegação** de que a norma ora questionada (**Lei n. 9.278/96**, art. 1º), em cláusula **impregnada** de conteúdo discriminatório, **excluiu**, injustamente, **do âmbito** de especial proteção que a Lei Fundamental dispensa às comunidades familiares, **as uniões** entre pessoas **do mesmo** sexo **pautadas** por relações homoafetivas.*

***Impõe-se examinar**, preliminarmente, **se se revela cabível**, ou não, no caso, a instauração do processo objetivo de fiscalização normativa abstrata. **É que ocorre**, na espécie, circunstância juridicamente relevante **que não pode** deixar de ser considerada, **desde logo**, pelo Relator da causa.*

***Refiro-me** ao fato de que a norma legal em questão, tal como positivada, **resultou derrogada** em face da superveniência **do novo** Código Civil, **cujo art. 1.723**, ao disciplinar o tema da união estável, **reproduziu**, em seus aspectos essenciais, o **mesmo** conteúdo normativo **inscrito** no ora impugnado **art. 1º** da Lei n. 9.278/96.*

***Uma simples análise comparativa** dos dispositivos ora mencionados, **considerada a identidade** de seu conteúdo material, **evidencia** que o art. 1.723 do Código Civil (Lei n. 10.406/2002) **efetivamente derrogou** o art. 1º da Lei n. 9.278/96:*

Código Civil (2002)	***Lei n. 9.278/96***
*'**Art. 1.723**. É reconhecida como entidade familiar a união estável entre o homem e a mulher, configurada na convivência pública, contínua e duradoura e estabelecida com o objetivo de constituição de família.'*	*'**Art. 1º** É reconhecida como entidade familiar a convivência duradoura, pública e contínua de um homem e uma mulher, estabelecida com objetivo de constituição de família.'*

***Extremamente significativa**, a tal respeito, **a observação** de CARLOS ROBERTO GONÇALVES ('**Direito Civil Brasileiro — Direito de Família**', vol. VI/536, item n. 3, 2005, Saraiva):*

*'**Restaram revogadas as mencionadas Leis n. 8.971/94 e n. 9.278/96** em face da inclusão da matéria no âmbito do Código Civil de 2002, **que fez significativa mudança, inserindo o título referente à união estável no Livro de Família e incorporando**, em cinco artigos (1.723 **a** 1.727), **os princípios básicos** das aludidas leis, **bem como introduzindo** disposições esparsas em outros capítulos quanto a certos efeitos, como nos casos de obrigação alimentar (art. 1.694).' **(grifei)***

***A ocorrência** da derrogação **do art. 1º** da Lei n. 9.278/96 — **também reconhecida por diversos autores** (HELDER MARTINEZ DAL COL, '**A União Estável perante o Novo Código Civil**', 'in' **RT** 818/11-35, **33**, item n. 8; RODRIGO DA CUNHA PEREIRA, '**Comentários ao Novo Código Civil**', vol. XX/3-5, 2004, Forense) — **torna inviável**, na espécie, **porque destituído de objeto, o próprio** controle abstrato **concernente** ao preceito normativo em questão. **É que** a regra legal ora impugnada **na presente** ação direta **já não mais vigorava** quando da instauração **deste** processo de fiscalização concentrada de constitucionalidade.*

***O reconhecimento da inadmissibilidade** do processo de fiscalização normativa abstrata, **nos casos** em que o ajuizamento da ação direta **tenha sido precedido** — como sucede na espécie — **da própria revogação** do ato estatal que se pretende impugnar, **tem o beneplácito da jurisprudência** desta Corte Suprema **(RTJ 105/477**, Rel. Min. NÉRI DA SILVEIRA — **RTJ 111/546**, Rel. Min. SOARES MUÑOZ — **ADI 784/SC**, Rel. Min. MOREIRA ALVES):*

***'Constitucional. Representação de inconstitucionalidade. Não tem objeto**, se, **antes** do ajuizamento da argüição, **revogada a norma inquinada de inconstitucional**."'*

(RTJ 107/928**, Rel. Min. DECIO MIRANDA — **grifei)

*'(...) **também não pode** ser a presente ação conhecida (...), **tendo em vista** que a jurisprudência desta Corte **já firmou o princípio** (...) **de que não é admissível** a apreciação, **em juízo abstrato**, da constitucionalidade **ou** da inconstitucionalidade de norma jurídica **revogada antes da instauração** do processo de controle (...).'*

(RTJ 145/136**, Rel. Min. MOREIRA ALVES — **grifei)

***Cabe indagar**, neste ponto, **embora** esse pleito **não tenha sido deduzido** pelas entidades autoras, **se** se mostraria possível, na espécie, o ajuizamento de ação direta de inconstitucionalidade **proposta com o objetivo** de questionar a validade jurídica **do próprio § 3º** do art. 226 da Constituição da República.*

*A **jurisprudência** do Supremo Tribunal Federal **firmou-se** no sentido **de não admitir**, em sede de fiscalização normativa abstrata, o exame de constitucionalidade **de uma norma constitucional originária**, como o é aquela inscrita **no § 3º** do art. 226 da Constituição:*

***'— A tese de que há hierarquia entre normas constitucionais originárias dando azo à declaração de inconstitucionalidade** de umas em face de outras **é incompossível com o sistema de Constituição rígida**.*

*— **Na atual Carta Magna**, 'compete ao Supremo Tribunal Federal, precipuamente, a guarda da Constituição' (artigo 102, 'caput'), **o que implica dizer** que essa jurisdição lhe é atribuída para impedir que se desrespeite a Constituição como um todo, **e não para**, com relação a ela, **exercer o papel de fiscal do Poder Constituinte originário**, a fim de verificar **se este teria**, ou não, violado os princípios de direito suprapositivo **que ele próprio** havia incluído no texto **da mesma** Constituição.*

*— **Por outro lado**, as cláusulas pétreas não podem ser invocadas para sustentação da tese da inconstitucionalidade de normas constitucionais inferiores em face de normas constitucionais superiores, **porquanto a Constituição as prevê apenas como limites ao Poder Constituinte derivado** ao rever ou ao emendar a Constituição elaborada pelo Poder Constituinte originário, **e não como abarcando normas cuja observância se impôs ao próprio Poder Constituinte originário** com relação às outras que não sejam consideradas como cláusulas pétreas, e, portanto, possam ser emendadas.*

*Ação **não conhecida**, por impossibilidade jurídica do pedido.'*

*(**RTJ 163/872-873**, Rel. Min. MOREIRA ALVES, **Pleno — grifei**)*

***Vale assinalar**, ainda, a propósito do tema, que esse entendimento — **impossibilidade jurídica** de controle abstrato de constitucionalidade de normas constitucionais **originárias** — **reflete-se**, por igual, **no magistério da doutrina** (GILMAR*

*FERREIRA MENDES, '**Jurisdição Constitucional**', p. 178, item n. 2, 4ª ed., 2004, Saraiva; ALEXANDRE DE MORAES, '**Constituição do Brasil Interpretada**', p. 2.333/2.334, item n. 1.8, 2ª ed., 2003, Atlas; OLAVO ALVES FERREIRA, '**Controle de Constitucionalidade e seus Efeitos**', p. 42, item n. 1.3.2.1, 2003, Editora Método; GUILHERME PEÑA DE MORAES, "**Direito Constitucional — Teoria da Constituição**', p. 192, item n. 3.1, 2003, Lumen Juris; PAULO BONAVIDES, '**Inconstitucionalidade de Preceito Constitucional**', 'in' '**Revista Trimestral de Direito Público**', vol. 7/58-81, Malheiros; JORGE MIRANDA, '**Manual de Direito Constitucional**', tomo II/287-288 **e** 290-291, item n. 72, 2ª ed., 1988, Coimbra Editora).*

***Não obstante** as razões de ordem **estritamente** formal, **que tornam insuscetível** de conhecimento **a presente** ação direta, **mas considerando a extrema importância jurídico-social da matéria** — cuja apreciação **talvez** pudesse viabilizar-se **em sede** de argüição de descumprimento de preceito fundamental —, **cumpre registrar**, quanto à tese sustentada pelas entidades autoras, que o magistério da doutrina, **apoiando-se** em valiosa hermenêutica construtiva, **utilizando-se** da analogia **e invocando** princípios fundamentais (**como** os da dignidade da pessoa humana, da liberdade, da autodeterminação, da igualdade, do pluralismo, da intimidade, da não-discriminação **e** da busca da felicidade), **tem revelado admirável percepção** do alto significado de que se revestem **tanto o reconhecimento** do direito personalíssimo à orientação sexual, de um lado, **quanto a proclamação** da legitimidade ético-jurídica da união homoafetiva como entidade familiar, de outro, **em ordem a permitir** que se extraiam, **em favor de parceiros homossexuais**, relevantes conseqüências **no plano** do Direito **e na esfera** das relações sociais.*

Essa visão do tema**, que tem a virtude de superar, **neste início** de terceiro milênio, **incompreensíveis** resistências sociais **e** institucionais fundadas em fórmulas preconceituosas inadmissíveis, **vem sendo externada**, como anteriormente enfatizado, por eminentes autores, **cuja análise** de tão significativas questões **tem colocado em evidência**, com absoluta correção, **a necessidade** de se atribuir verdadeiro **estatuto de cidadania** às uniões estáveis homoafetivas (LUIZ EDSON FACHIN, '**Direito de Família — Elementos críticos à luz do novo Código Civil brasileiro**', p. 119/127, item n. 4, 2003, Renovar; LUIZ SALEM VARELLA/IRENE INNWINKL SALEM VARELLA, '**Homoerotismo no Direito Brasileiro e Universal — Parceria Civil entre Pes-

***soas do mesmo Sexo**', 2000, Agá Juris Editora, ROGER RAUPP RIOS, '**A Homossexualidade no Direito**', p. 97/128, item n. 4, 2001, Livraria do Advogado Editora — ESMAFE/RS; ANA CARLA HARMATIUK MATOS, '**União entre Pessoas do mesmo Sexo: aspectos jurídicos e sociais**', p. 161/162, Del Rey, 2004; VIVIANE GIRARDI, '**Famílias Contemporâneas, Filiação e Afeto: a possibilidade jurídica da Adoção por Homossexuais**', Livraria do Advogado Editora, 2005; TAÍSA RIBEIRO FERNANDES, '**Uniões Homossexuais: efeitos jurídicos**', Editora Método, São Paulo; JOSÉ CARLOS TEIXEIRA GIORGIS, '**A Natureza Jurídica da Relação Homoerótica**', 'in' '**Revista da AJURIS**' n. 88, tomo I, p. 224/252, dez/2002, **v.g.**).*

***Cumpre referir**, neste ponto, **a notável lição** ministrada pela eminente Desembargadora MARIA BERENICE DIAS ("**União Homossexual: O Preconceito & a Justiça**', p. 71/83 **e** p. 85/99, **97**, 3ª ed., 2006, Livraria do Advogado Editora), **cujas reflexões sobre o tema merecem especial destaque**:*

*'A **Constituição** outorgou especial proteção à família, **independentemente** da celebração do casamento, bem como às famílias monoparentais. Mas a família **não se define** exclusivamente em razão do vínculo **entre** um homem **e** uma mulher **ou** da convivência dos ascendentes com seus descendentes. **Também o convívio de pessoas do mesmo sexo** ou de sexos diferentes, **ligadas** por laços afetivos, **sem** conotação sexual, **cabe ser reconhecido como entidade familiar**. A prole **ou** a capacidade procriativa **não são essenciais** para que a convivência de duas pessoas mereça a proteção legal, **descabendo deixar fora do conceito de família as relações homoafetivas**. **Presentes os requisitos** de vida em comum, coabitação, mútua assistência, **é de se concederem** os mesmos direitos **e se imporem** iguais obrigações **a todos os vínculos de afeto** que tenham idênticas características.*

***Enquanto a lei** não acompanha a evolução da sociedade, a mudança de mentalidade, a evolução do conceito de moralidade, **ninguém**, muito menos os juízes, **pode fechar os olhos** a essas novas realidades. Posturas preconceituosas **ou** discriminatórias geram grandes injustiças. **Descabe confundir** questões jurídicas com questões de caráter moral ou de conteúdo meramente religioso.*

Essa responsabilidade de ver o novo** assumiu a Justiça ao emprestar juridicidade às uniões extraconjugais. **Deve**,* *agora,* ***mostrar *igual independência e coragem* ***quanto às uniões de pessoas do mesmo sexo. Ambas são relações afetivas****, vínculos em que há comprometimento amoroso.* ***Assim, impositivo reconhecer a existência de um gênero de união estável*** *que comporta mais de uma espécie:* ***união estável heteroafetiva e união estável homoafetiva. Ambas merecem ser reconhecidas como entidade familiar. Havendo*** *convivência duradoura, pública e contínua* ***entre duas pessoas****, estabelecida com o objetivo de constituição de família,* ***mister reconhecer*** *a existência de uma união estável.* ***Independente*** *do sexo dos parceiros,* ***fazem jus*** *à mesma proteção.*

Ao menos *até que o legislador regulamente* ***as uniões homoafetiva*** *— como já fez a maioria dos países do mundo civilizado —,* ***incumbe ao Judiciário emprestar-lhes visibilidade e assegurar-lhes os mesmos direitos*** *que merecem as demais relações afetivas.* ***Essa é a missão fundamental da jurisprudência****, que necessita desempenhar seu papel de agente transformador dos estagnados conceitos da sociedade. (...).'* ***(grifei)***

Vale rememorar*, finalmente,* ***ante o caráter seminal*** *de que se acham impregnados,* ***notáveis*** *julgamentos, que,* ***emanados*** *do E. Tribunal de Justiça do Estado do Rio Grande do Sul* ***e*** *do E. Tribunal Regional Federal da 4ª Região,* ***acham-se consubstanciados*** *em acórdãos assim ementados:*

'Relação homoerótica — União estável — Aplicação dos princípios constitucionais da dignidade humana e da igualdade — Analogia — Princípios gerais do direito — Visão abrangente das entidades familiares *— Regras de inclusão (...) —* ***Inteligência*** *dos arts. 1.723, 1.725 e 1.658 do Código Civil de 2002 —* ***Precedentes*** *jurisprudenciais.* ***Constitui união estável*** *a relação fática* ***entre*** *duas mulheres,* ***configurada*** *na convivência pública, contínua, duradoura* ***e estabelecida com o objetivo*** *de constituir verdadeira família,* ***observados*** *os deveres de lealdade, respeito e mútua assistência.* ***Superados os preconceitos*** *que afetam ditas realidades,* ***aplicam-se****, os princípios constitucionais da dignidade da pessoa, da igualdade,* ***além*** *da analogia e dos princípios gerais do direito,* ***além*** *da contemporânea modelagem das entidades familiares em sistema aberto argamassado em regras de inclusão.* ***Assim****, definida a natureza do convívio, opera-se a partilha dos bens segundo o regime da comunhão parcial. Apelações desprovidas.'*

(Apelação Cível 70005488812*, Rel. Des. JOSÉ CARLOS TEIXEIRA GIORGIS, 7ª Câmara Civil —* ***grifei)***

*'(...) **6. A exclusão** dos benefícios previdenciários, **em razão da orientação sexual**, além de discriminatória, **retira** da proteção estatal pessoas que, por imperativo constitucional, deveriam encontrar-se por ela abrangidas. **7.** Ventilar-se a possibilidade de desrespeito ou prejuízo a alguém, **em função de sua orientação sexual**, seria dispensar tratamento indigno ao ser humano. **Não se pode**, simplesmente, **ignorar** a condição pessoal do indivíduo, legitimamente constitutiva de sua identidade pessoal (**na qual**, sem sombra de dúvida, **se inclui a orientação sexual**), como se tal aspecto não tivesse relação com a dignidade humana. **8. As noções de casamento e amor** vêm mudando ao longo da história ocidental, **assumindo** contornos e formas de manifestação e institucionalização plurívocos e multifacetados, que num movimento de transformação permanente colocam homens e mulheres em face de distintas possibilidades de materialização das trocas afetivas e sexuais. **9. A aceitação das uniões homossexuais** é um fenômeno mundial — em alguns países de forma mais implícita — **com o alargamento da compreensão do conceito de família** dentro das regras já existentes; em outros de maneira explícita, com a modificação do ordenamento jurídico feita de modo a abarcar legalmente a união afetiva entre pessoas do mesmo sexo. **10. O Poder Judiciário não pode se fechar às transformações sociais**, que, pela sua própria dinâmica, muitas vezes se antecipam às modificações legislativas. **11. Uma vez reconhecida**, numa interpretação dos princípios norteadores da constituição pátria, **a união entre homossexuais como possível de ser abarcada dentro do conceito de entidade familiar** e afastados quaisquer impedimentos de natureza atuarial, **deve a relação da Previdência** para com os casais **de mesmo** sexo dar-se **nos mesmos** moldes das uniões estáveis entre heterossexuais, devendo ser exigido dos primeiros o mesmo que se exige dos segundos para fins de comprovação do vínculo afetivo e dependência econômica presumida entre os casais (...), quando do processamento dos pedidos de pensão por morte e auxílio-reclusão.'*

*(**Revista do TRF/4ª Região**, vol. 57/309-348, **310**, Rel. Des. Federal João Batista Pinto Silveira — **grifei**)*

Concluo a minha decisão. **E**, ao fazê-lo, **não posso** deixar de considerar **que a ocorrência de insuperável razão de ordem formal** (**esta** ADIN impugna norma legal **já revogada**) torna **inviável** a presente ação direta, **o que me leva** a declarar **extinto** este processo (**RTJ** 139/53 — **RTJ** 168/174-175),

ainda que se trate*, como na espécie, de processo de fiscalização normativa abstrata (****RTJ*** *139/67), **sem prejuízo***, no entanto, da utilização de meio processual* ***adequado*** *à discussão,* in abstracto *—* ***considerado*** *o que dispõe* ***o art. 1.723*** *do Código Civil —, da* ***relevantíssima*** *tese* ***pertinente*** *ao reconhecimento, como entidade familiar,* ***das uniões estáveis homoafetivas****.*

Arquivem-se *os presentes autos.*

Publique-se."[4]

[4] MC em ADIn 3.300-0-DF, de 3.2.2006 (Associação de Incentivo à Educação e Saúde de São Paulo e outro(a/s) *vs.* Presidente da República e Congresso Nacional). Rel. Min. Celso de Mello (DJ n. 29, Seção 1, de 9.2.2006, pp. 6-7).

ÍNDICES

ÍNDICE GERAL

INTRODUÇÃO 15

PARTE I — DIREITOS INDIVIDUAIS

1. Adicional de insalubridade. Base de cálculo 19
2. Aposentadoria espontânea. Não extinção do contrato de trabalho 23
3. Dano moral. Fixação de *quantum*. Matéria infraconstitucional 32
4. Estabilidade 35
   A. Empregado de Sociedade de economia mista. Inexistência 35
   B. Gestante, fechamento de empresa. Indenização 35
   C. Servidor não concursado 37
5. Gratificação pós-férias. Compensação 39
6. Trabalho forçado 40

PARTE II — DIREITOS COLETIVOS

1. ADIn. Normas coletivas. Inconstitucionalidade de Lei Estadual 59
2. Contribuição assistencial patronal. Competência da Justiça do Trabalho. Emenda n. 45 60
3. Dirigente sindical. Estabilidade provisória 64
4. Estabilidade sindical. Desnecessidade de registro no Ministério do Trabalho 68
5. Greve. Servidor Público. Competência da Justiça Estadual 69
6. Poder Normativo. Limites. Clausulas exorbitantes 71
7. Substituição Processual. Alcance do art. 8º, III, da CR/88 75
8. Unicidade Sindical 76
   A. Categoria diferenciada 76
   B. Desmembramento. Possibilidade 84

PARTE III — DIREITO PROCESSUAL

1. Acesso à Justiça. Gratuidade 89
2. Assinatura digitalizada. Inviabilidade 90
3. Competência 92
   A. STF. Conflito Negativo. TST e Juiz Estadual 92
   B. Servidor Público. Emenda n. 45 95
   C. Complementação de aposentadoria 98
   D. Servidor público 99
4. Justiça Gratuita. Pessoa jurídica 102
5. Ministério Público do Trabalho. Ação coletiva. Propositura. Legitimidade 103
6. Organização Internacional. Imunidade de execução. Execução suspensa 104
7. Prescrição 108
8. Sucessão trabalhista. Matéria infraconstitucional 110

PARTE IV — SERVIÇO PÚBLICO

1. Conselho Nacional De Justiça. EC 45 115
2. Magistrado 118
   A. Abono variável 118
   B. Adicional por tempo de serviço 129
   C. Parcela autônoma de equivalência 131
   D. Redução de proventos 133
   E. Tempo de serviço na iniciativa privada. Não cômputo para fins de gratificação 136
3. Ministério Público. Filiação partidária 139
4. Mudança de regime. Remuneração 140
5. Ordem dos Advogados. Constitucionalidade de seu estatuto. Caráter Jurídico da Entidade 141
6. Promoção por merecimento. Critérios 146
7. Servidor Público 151
   A. Acumulação 151
   B. Cargo em comissão. Inexistência de estabilidade sindical 151
   C. Exoneração. Contraditório 154
   D. Quintos e décimos 154
   E. Reajuste salarial 159
8. Sociedade de Economia Mista. Normas Administrativas ... 163

PARTE V — PREVIDÊNCIA SOCIAL

1. Aposentadoria. Servidor de Embaixada do Brasil no exterior ... 167

PARTE VI — OUTROS TEMAS

1. Limites ao poder de tributar ... 171
2. Meio ambiente ... 182
3. União homo-afetiva. ADIn ... 186

ÍNDICES

ÍNDICE GERAL ... 197

ÍNDICE DOS JULGADOS PUBLICADOS NA COLETÂNEA ... 200

ÍNDICE DOS MINISTROS DO STF PROLATORES DOS JULGADOS CITADOS ... 213

ÍNDICE TEMÁTICO ... 215

ÍNDICE DOS JULGADOS PUBLICADOS NA COLETÂNEA

Volumes 1 a 10

N. do Julgado	Volume	Página
AC 340-7-RJ	8	54
AC 9.690-SP	1	41
AC 9.696-3-SP	1	40
ACO 533-9-PI	2	23
ACO (AGRG) 524-0-SP	7	68
ADIn 100-1-MG	8	88
ADIn 254-6-GO	7	48
ADIn 271-6-DF	5	35
ADIn 306-2-DF	4	85
ADIn 554-5-MG	1/10	102/59
ADIn 609-6-DF	6	197
ADIn 639-8-DF	9	17
ADIn 953-2-DF	7	176
ADIn 990-7-MG	7	45
ADIn 1.040-9-DF	6	170
ADIn 1.105-7-DF	10	141
ADIn 1.127-8-DF	10	141
ADIn 1.194-4-DF	9	154
ADIn 1.377-7-DF	10	139
ADIn 1.404-8-SC	4	167
ADIn 1.439-1-DF	7	19
ADIn 1.458-7-DF	1	19
ADIn 1.480-3-DF	2/5	59/15
ADIn 1.484-6-DF	5	170
ADIn 1.661-1-PA	7	120
ADIn 1.662-7-DF	2/5	120/75
ADIn 1.675-1-DF	1	29
ADIn 1.696-0-SE	6	59
ADIn 1.721-3-DF	1/10	46/23
ADIn 1.721-3-DF	2	31

ADIn 1.749-5-DF	4	163
ADIn 1.753-2-DF	2	165
ADIn 1.770-4-DF	2	31
ADIn 1.797-0-PE	4	148
ADIn 1.849-0-DF	3	125
ADIn 1.878-0-DF	2/6/7	34/96/137
ADIn 1.880-4-DF	2	90
ADIn 1.912-3-RJ	3	35
ADIn 1.946-5-DF	7	132
ADIn 1.953-8-ES	4	59
ADIn 1.967-8-DF	4	163
ADIn 1.971-6-SP	5	163
ADIn 2.010-8-DF	6	200
ADIn 2.024-2-DF	4	164
ADIn 2.054-4-DF	7	182
ADIn 2.093-6-SC	8	103
ADIn 2.098-6-AL	5	127
ADIn 2.105-2-DF	4/5	146/187
ADIn 2.107-9-DF	5	127
ADIn 2.160-5-DF	4	105
ADIn 2.180-0-SP	5	163
ADIn 2.201-6-DF	7	93
ADIn 2.310-1-DF	5	95
ADIn 2.652-8-DF	7	174
ADIn 2.679-8-AL	6	49
ADIn 2.687-9-PA	9	128
ADIn 2.931-2-RJ	10	78
ADIn 3.026-4-DF	9	143
ADIn 3.030-2-AP	9	79
ADIn 3.068-0-DF	9	11
ADIn 3.085-0-CE	9	93
ADIn 3.105-8-DF	8	121
ADIn 3.224-1-AP	8	91
ADIn 3.300-0-DF	10	186
ADIn 3.367-1-DF	9/10	83/115
ADIn 3.395-6-DF	9/10	94/95
ADIn-MC 1.121-9-RS	1	50
ADIn-MC 1.567-2-DF	1	100
ADIn-MC 1.721-3-DF	7	22
ADIn-MC 2.111-7-DF	7	139
ADIn-MC 2.176-1-RJ	4	177
ADIn-MC 3.126-1-DF	8/9	92/92
ADIn-MC 3.472-3-DF	9	177
ADPF-MC 54-8-DF	8	155

AG-AI 156.338-0-PR	1	60
AG-AI 214.076-8-RS	2	123
AG-AI 223.271-7-MG	3	13
AGRAG 248.880-1-PE	4	109
AGRAG 324.304-7-SP	6	157
AG-RE 220.170-2-SP	2	64
AG-RE 227.899-9-MG	2	19
AG-RE 241.935-8-DF	4	49
AG(AGRG) 258.885-1-RJ	4	108
AG(AGRG) 316.458-1-SP	6	162
AGRG-ADIn 3.153-8-DF	9	25
AGRG-AI 171.020-9-CE	5	39
AGRG-AI 267.115-7-DF	4	137
AGRG-AI 238.385-6-PR	5	70
AGRG-AI 404.860-1-DF	10	103
AGRG-AI 410.330-0-SP	7	60
AGRG-AI 416.962-2-ES	7	17
AGRG-AI 442.897-6-ES	10	163
AGRG-AI 453.737-1-RJ	7	89
AGRG-AI 479.810-7-PR	10	151
AGRG-AI 528.138-0-MS	10	140
AGRG-AI 582.921-1-MA	10	35
AGRG-AO 820-4-MG	7	116
AGRG-MS 25.489-1-DF	9	122
AGRG-RE 222.368-4-PE	7	66
AGRG-RE 273.834-4-RS	5	192
AGRG-RE 281.901-8-SP	5	47
AGRG-RE 299.671-8-RS	6	160
AGRG-RE 347.334-7-MG	7	90
AGRG-RE 409.997-7-AL	10	154
AGRG-RG 269.309-0-MG	5	58
AI 139.671-(AGRG)-DF	1	43
AI 153.148-8-PR	1	60
AI 208.496-9-ES	2	102
AI 210.106-0-RS	2	55
AI 210.466-6-SP	2	45
AI 212.299-0-SP	2	15
AI 212.918-1-DF	2	149
AI 215.008-6-ES	2	36
AI 216.530-8-MG	2	132
AI 216.786-2-SP	2	81
AI 218.578-8-PR	2	125
AI 220.222-2-DF	2	85

AI 220.739-5-SP	2	106
AI 224.483-5-PB	4	44
AI 229.862-4-RS	3	15
AI 233.762-1-RS	3	105
AI 233.835-8-RS	3	90
AI 237.680-1-SP	3	50
AI 238.733-1-MG	3	56
AI 240.632-6-RS	3	121
AI 243.418-0-MG	3	101
AI 244.136-6-SP	3	20
AI 244.154-4-SP	3	71
AI 244.672-0-SP	3	40
AI 245.136-1-RS	3	94
AI 248.256-2-SP	3	43
AI 248.764-1-DF	3	26
AI 249.021-1-SP	3	46
AI 249.470-7-BA	4	96
AI 249.539-2-BA	8	87
AI 249.600-3-MG	3	30
AI 260.198-8-MG	4	124
AI 260.553-8-SP	4	91
AI 260.700-5-DF	4	28
AI 265.946-8-PR	4	73
AI 266.186-4-GO	4	15
AI 270.156-1-RS	5	42
AI 273.327-1-BA	4	173
AI 277.315-1-SC	4	87
AI 277.432-8-PB	4	41
AI 277.651-4-BA	4	47
AI 279.422-1-DF	4	139
AI 290.222-6-AM	5	64
AI 294.013-4-RS	5	79
AI 321.083-2-DF	5	82
AI 321.503-9-MS	5	51
AI 329.165-6-RJ	5	128
AI 333.502-4-SP	10	35
AI 341.920-9-RS	5	143
AI 342.272-1-DF	5	125
AI 359.319-5-SP	5	54
AI 388.729-8-PE	6	117
AI 388.895-1-PB	6	115
AI 401.141-3-SP	10	108
AI 429.939-2-PE	7	88
AI 436.821-2-PE	7	85

AI 449.252-3-SP	7	103
AI 454.064-4-PA	10	64
AI 457.801-1-DF	8	58
AI 457.863-2-RS	8	28
AI 460.355-7-SP	7	118
AI 462.201-0-SP	7	81
AI 465.867-8-MG	9	75
AI 474.751-1-SP	8	68
AI 477.294-5-PI	7	26
AI 478.276-1-RJ	8	44
AI 498.062-2-SP	8	76
AI 500.356-5-RJ	8	44
AI 511.972-0-SP	8	85
AI 513.028-1-ES	8	69
AI 514.509-8-MG	8	26
AI 518.101-6-MG	8	75
AI 522.830-4-RJ	10	84
AI 523.628-8-PR	9	67
AI 525.295-8-BA	9	20
AI 525.434-3-MT	9	38
AI 526.389-1-SP	9	71
AI 529.694-1-RS	9	147
AI 531.237-0-RS	9	68
AI 533.705-2-DF	9	112
AI 534.587-1-SC	10	32
AI 535.068-3-SP	9	28
AI 538.917-7-AL	9	106
AI 539.419-9-MG	9	80
AI 556.247-6-SP	9	142
AI 557.195-2-RJ	10	89
AI 561.126-1-RJ	10	90
AI 567.280-9-MG	10	98
AI 571.672-5-RS	10	171
AI 572.351-3-SP	10	102
AI 579.311-0-PR	10	19
AI 583.599-6-MG	10	37
AI 584.691-8-SP	10	110
AO 206-1-RN	7	61
AO 757-7-SC	7	110
AO 764-0-DF	7	113
AO 931-6-CE	7	108
AO 1.157-4-PI	10	118
AR 1.371-5-RS	5	135
AR-AI 134.687-GO	1	37

AR-AI 150.475-8-RJ	1	77
AR-AI 198.178-RJ	1	114
AR-AI 199.970-0-PE	3	88
AR-AI 218.323-0-SP	3	112
AR-AI 245.235-9-PE	3	113
AR-AI 437.347-3-RJ	8	43
CC 6.968-5-DF	1	80
CC 6.970-7-DF	1	79
CC 7.040-4-PE	6	95
CC 7.043-9-RO	6	91
CC 7.053-6-RS	6	102
CC 7.074-0-CE	6	109
CC 7.079-1-CE	8	51
CC 7.091-9-PE	5	56
CC 7.116-8-SP	6	119
CC 7.118-4-BA	6	114
CC 7.134-6-RS	7	58
CC 7.149-4-PR	7	56
CC 7.165-6-ES	8	45
CC 7.171-1-SP	8	48
CC 7.204-1-MG	9	54
CC 7.295-4-AM	10	92
CC 7.376-4-RS	10	60
CR 9.897-1-EUA	6	214
ED-ED-RE 191.022-4-SP	2	96
ED-ED-RE 194.662-8-BA	7/9	40/26
ER-RE 190.384-8-GO	4	35
ED-RE 194.707-1-RO	3	86
ED-RE 348.364-1-RJ	8	22
HC 77.631-1-SC	7	183
HC 80.198-6-PA	4	78
HC 81.319-4-GO	6	212
HC 84.270-4-SP	8	41
HC 85.096-1-MG	9	58
HC 85.911-9-MG	9	70
IF 607-2-GO	2	115
MC em AC 1.069-1-MT	10	104
MC em ADIn 3.395-6-DF	9	98
MC em ADIn 3.540-1-DF	10	182
MC em MS 24.744-4-DF	8	110
MC em MS 25.027-5-DF	8	104
MC em MS 25.498-8-DF	9	130
MC em MS 25.849-1-DF	9	120
MC em MS 25.503-0-DF	9	116

MC em MS 25.511-1-DF	9	132
MC em Rcl. 2.363-0-PA	7	74
MC em Rcl. 2.653-1-SP	8	117
MC em Rcl. 2.670-1-PR	8	114
MC em Rcl. 2.684-1-PI	8	61
MC em Rcl. 2.772-4-DF	8	99
MC em Rcl. 2.804-6-PB	8	72
MC em Rcl. 2.879-6-PA	8	65
MC em Rcl. 3.183-7-PA	9	98
MC em Rcl. 3.431-3-PA	9	102
MC em Rcl. 3.760-6-PA	9	35
MC em Rcl. 4.306-1-TO	10	96
MC em Rcl. 4.317-7-PA	10	99
MC em Rcl. 4.731-8-DF	10	129
MI 20-4-DF	1	86
MI 102-2-PE	6	13
MI 347-5-SC	1	85
MI 585-9-TO	6	59
MI 615-2-DF	9	45
MI 670-7-DF	7	41
MI 692-0-DF	7	23
MS 21.143-1-BA	2	93
MS 22.498-3-BA	2	34
MS 23.671-0-PE	4	80
MS 23.912-3-RJ	5	197
MS 24.008-3-DF	9	91
MS 24.414-3-DF	7	107
MS 24.875-1-DF	10	133
MS 24.913-7-DF	8	78
MS 25.191-3-DF	9	90
MS 25.326-6-DF	9	118
MS 25.496-3-DF	9	124
MS 25.763-6-DF	10	154
MS 25.979-5-DF	10	146
MSMC 21.101-DF	1	38
MCMS 24.637-5-DF	7	98
Petição 1.984-9-RS	7	177
Petição 2.793-1-MG	6	226
Petição 2.933-0-ES	7	54
RE 109.085-9-DF	3	127
RE 109.450-8-RJ	3	75
RE 109.723-0-RS	10	71
RE 113.032-6-RN	6	70

RE 117.670-9-PB	2	160
RE 118.267-9-PR	1	76
RE 126.237-1-DF	4	110
RE 131.032-4-DF	1	80
RE 134.329-0-DF	3	82
RE 141.376-0-RJ	5	93
RE 144.984-5-SC	2	111
RE 146.361-9-SP	3	76
RE 146.822-0-DF	1	52
RE 150.455-2-MS	3	104
RE 157.057-1-PE	3	81
RE 158.007-1-SP	6	188
RE 157.428-3-RS	3	29
RE 158.448-3-MG	2	164
RE 159.288-5-RJ	1	52
RE 165.304-3-MG	5	194
RE 172.293-2-RJ	2	92
RE 175.892-9-DF	4	132
RE 176.639-5-SP	1	68
RE 181.124-2-SP	2	163
RE 182.543-0-SP	1	62
RE 183.883-3-DF	3	24
RE 183.884-1-SP	3	115
RE 187.229-2-PA	3	114
RE 187.955-6-SP	3	114
RE 189.960-3-SP	5	44
RE 190.384-8-GO	4	36
RE 190.844-1-SP	4	60
RE 191.022-4-SP	1	68
RE 193.579-1-SP	7	47
RE 193.943-5-PA	2	130
RE 194.151-1-SP	2	109
RE 194.662-8-BA	5/6	37/69
RE 194.952-0-MS	5	117
RE 195.533-3-RS	2	33
RE 196.517-7-PR	5	57
RE 197.807-4-RS	4	32
RE 197.911-9-PE	1	74
RE 198.092-3-SP	1	66
RE 199.142-9-SP	4	57
RE 200.589-4-PR	3	64
RE 201.572-5-RS	5	157
RE 202.063-0-PR	1	59
RE 202.146-6-RS	3	130

RE 203.271.9-RS	2	95
RE 204.126-2-SP	6	187
RE 204.193-9-RS	5	156
RE 205.160-8-RS	3	77
RE 205.170-5-RS	2	48
RE 205.701-1-SP	1	36
RE 205.815-7-RS	1	27
RE 206.048-8-RS	5	195
RE 206.220-1-MG	3	74
RE 207.374-1-SP	2	109
RE 207.858-1-SP	3	67
RE 209.174-0-ES	2	149
RE 210.029-1-RS	7	47
RE 210.069-2-PA	3	132
RE 210.638-1-SP	2	123
RE 212.118-5-SP	5	59
RE 213.015-0-DF	6	134
RE 213.111-3-SP	7	47
RE 213.244-6-SP	2	40
RE 213.792-1-RS	2	98
RE 214.668-1-ES	7/10	47/75
RE 215.411-3-SP	5	30
RE 215.624-8-MG	4	106
RE 216.214-1-ES	4	142
RE 216.613-8-SP	4	52
RE 217.162-2-DF	3	125
RE 217.328-8-RS	4	50
RE 217.335-5-MG	4	43
RE 219.434-0-DF	6	19
RE 220.613-1-SP	4	31
RE 222.334-2-BA	5	25
RE 222.368-4-PE	6	124
RE 222.560-2-RS	2/6	51/32
RE 224.667-9-MG	3	38
RE 225.016-1-DF	5	113
RE 225.488-1-PR	4	33
RE 225.872-5-SP	8	33
RE 226.204-6-DF	6	30
RE 226.855-7-RS	4	17
RE 227.410-9-SP	4	13
RE 227.899-8-MG	2	17
RE 228.035-7-SC	7	122
RE 230.055-1-MS	3	59
RE 231.466-5-SC	6	54

RE 232.787-0-MA	3	79
RE 233.664-9-DF	5	40
RE 233.906-2-RS	9	86
RE 234.009-4-AM	3	110
RE 234.068-1-DF	8	109
RE 234.186-3-SP	5	23
RE 234.431-8-SC	10	68
RE 234.535-9-RS	5	60
RE 235.623-8-ES	9	75
RE 235.643-9-PA	4	36
RE 236.449-1-RS	3	131
RE 237.965-3-SP	4	34
RE 238.737-4-SP	2	44
RE 239.457-5-SP	6	22
RE 240.627-8-SP	3	53
RE 241.372-3-SC	5	142
RE 243.415-9-RS	4	178
RE 244.527-4-SP	3	129
RE 245.019-7-ES	3	65
RE 247.656-1-PR	5	29
RE 248.278-1-SC	10	151
RE 248.282-0-SC	5	123
RE 248.857-7-SP	6	167
RE 249.740-1-AM	3	75
RE 252.191-4-MG	5	158
RE 254.518-0-RS	4	171
RE 254.871-5-PR	5	29
RE 256.707-8-RJ	9	53
RE 257.063-0-RS	5	152
RE 257.836-3-MG	6	82
RE 259.713-9-PB	5	120
RE 260.168-3-DF	4	179
RE 261.344-4-DF	6	194
RE 263.381-0-ES	6	25
RE 264.299-1-RN	4	100
RE 265.129-0-RS	4	37
RE 273.347-4-RJ	4	46
RE 275.840-0-RS	5	122
RE 278.946-1-RJ	8	19
RE 281.297-8-DF	5	26
RE 284.627-9-SP	6	18
RE 284.753-6-PA	6	183
RE 287.024-2-RS	8	35
RE 287.925-8-RS	8	20

RE 289.090-1-SP	5	44
RE 291.822-9-RS	10	76
RE 291.876-8-RJ	5	155
RE 292.160-2-RJ	5	77
RE 293.231-1-RS	5	78
RE 293.287-6-SP	6	85
RE 293.932-3-RJ	5	86
RE 299.075-5-SP	5	130
RE 305.513-9-DF	6	83
RE 308.107-1-SP	5	147
RE 311.025-0-SP	6	181
RE 318.106-8-RN	9	78
RE 329.336-2-SP	6	17
RE 330.834-3-MA	6	177
RE 333.236-8-RS	6	145
RE 333.697-5-CE	6	20
RE 340.005-3-DF	6	112
RE 340.431-8-ES	6	53
RE 341.857-2-RS	6	192
RE 343.183-8-ES	6	178
RE 343.144-7-RN	6	176
RE 344.450-6-DF	9	109
RE 345.874-4-DF	6	158
RE 347.946-6-RJ	6	198
RE 349.160-1-BA	7	87
RE 350.822-9-SC	7	131
RE 351.142-4-RN	9	81
RE 353.106-9-SP	6	67
RE 356.711-0-PR	9	62
RE 362.483-1-ES	8	17
RE 363.852-1-MG	9	146
RE 368.492-2-RS	7	134
RE 369.779-0-ES	7	17
RE 369.968-7-SP	8	39
RE 371.866-5-MG	9	40
RE 372.436-3-SP	7	188
RE 378.569-9-SC	7	126
RE 382.994-7-MG	9	18
RE 383.074-1-RJ	8	164
RE 383.472-0-MG	7	39
RE 387.259-1-MG	7	57
RE 387.389-0-RS	7	71
RE 390.881-2-RS	7	136
RE 392.303-8-SP	6	26

RE 392.976-3-MG	8	85
RE 394.943-8-SP	9	55
RE 395.323-4-MG	6	38
RE 396.092-0-PR	7	28
RE 398.041-0-PA	10	40
RE 403.832-3-MG	7	56
RE 415.563-0-SP	9	151
RE 419.327-2-PR	9	43
RE 430.145-8-RS	10	136
RE 441.063-0-SC	9	60
RE 444.361-9-MG	9	56
RE 445.421-1-PE	10	167
RE 449.420-5-PR	9	192
RE 485.913-3-PB	10	131
RE (Edu) 146.942-1-SP	6	108
RECL. 743-3-ES	8	72
RECL. 1.728-1-DF	5	118
RECL. 1.786-8-SP	5	72
RECL. 1.979-9-RN	6	148
RECL. 2.135-1-CE	9	65
RECL. 2.155-6-RJ	6/8	148/71
RECL. 2.267-6-MA	8	67
RECL. 3.322-8-PB	9	111
RECL. 3.900-5-MG	9	126
RECL. 4.303-7-SP	10	69
RHC 81.859-5-MG	6	121
RMS 2.178-DF	1	72
RMS 23.566-1-DF	6	41
RMS (EdAgR) 24.257-8-DF	6	211
RO-MS 23.040-9-DF	3	103
RO-MS 24.309-4-DF	7	45
RO-MS 24.347-7-DF	7	105
SEC 5.778-0-EUA	9	156
SS 1.983-0-PE	7	94
SÚMULAS DO STF	7	143
TST-RE-AG-AI-RR 251.899/96.7	1	111
TST-RE-AG-E-RR 144.583/94.4	2	50
TST-RE-AG-E-RR 155.923/95.9	1	92
TST-RE-AG-E-RR 286.778/96.5	1	25
TST-RE-AG-RC 343.848/97.8	2	112
TST-RE-AI-RR 242.595/96.2	1	106
TST-RE-AI-RR 242.708/96.5	2	137
TST-RE-AI-RR 286.743/96.7	1	56
TST-RE-AI-RR 299.174/96.7	1	104

TST-RE-AI-RR 305.874/96.8	1	24
TST-RE-AR 210.413/95.3	2	69
TST-RE-AR 278.567/96.5	1	33
TST-RE-ED-AI-RR 272.401/96.3	2	52
TST-RE-ED-E-RR 81.445/93.0	2	155
TST-RE-ED-E-RR 117.453/94.7	1	95
TST-RE-ED-E-RR 140.458/94.8	2	71
TST-RE-ED-E-RR 651.200/00.9	6	35
TST-RE-ED-RO-AR 331.971/96.9	4	102
TST-RE-ED-RO-AR 396.114/97.7	4	122
TST-RE-ED-RO-AR 501.336/98.0	6	164
TST-RE-ED-RO-AR 671.550/2000.2	7	51
TST-RE-E-RR 118.023/94.4	2	153
TST.RE.E.RR 411.239/97.8	7	43
TST-RE-RMA 633.706/2000.6	4	84
TST-RE-RO-AA 385.141/97.6	2	74
TST-RE-RO-AR 209.240/95.6	1	97
TST-RE-RO-DC 284.833/96.1	1	69

ÍNDICE DOS MINISTROS DO STF PROLATORES DOS JULGADOS CITADOS

VOLUMES 1 a 10

(O primeiro número (em negrito) corresponde ao volume e os demais às páginas iniciais dos julgados)

CARLOS AYRES DE BRITTO 7/23; **8**/54; **9**/30, 35, 53, 78, 102; **10**/23, 39, 89, 99, 102, 131

CARLOS VELLOSO 1/27, 62, 66, 79, 102; **2**/17, 19, 101; **3**/39, 59, 125; **5**/26, 86, 152, 156; **6**/30, 32, 54, 83, 91, 117, 121, 158, 167, 171, 176, 178, 192, 226; **7**/17, 48, 54, 67, 109, 118, 122, 134, 136; **8**/103, 104, 110, 114;**9**/79, 120, 122, 126, 151; **10**/154

CARMEN LÚCIA 10/129

CÉLIO BORJA 1/37

CELSO DE MELLO 1/19, 38, 50, 86; **2**/60, 109, 115; **3**/36, 86; **4**/15, 146; **5**/15, 39, 70, 164, 170, 187, 192; **6**/26, 95, 102, 124, 145, 162, 183, 200, 212; **7**/19, 53, 66, 89, 116, 183, 188; **8**/39, 43, 61, 78; **9**/25, 40, 45, 68, 75, 112, 132, 156; **10**/64, 76, 90, 92, 140, 159, 171, 182, 186

CEZAR PELUSO 7/106; **8**/35, 58, 68, 99, 117, 121; **9**/19, 43, 56, 63, 83, 116; **10**/71, 95, 115, 136, 167

ELLEN GRACIE 5/117, 157, 197; **6**/17, 18, 38, 119, 157, 170, 187, 211; **7**/57, 88, 108, 176; **8**/16, 19, 20, 88, 91, 121; **9**/53, 65, 78, 81, 90, 109; **10**/104, 151, 163

EROS ROBERTO GRAU 8/26, 45, 48; **9**/55, 60, 110, 11, 124; **10**/59, 143, 154

GILMAR MENDES 6/148; **7**/58, 74, 120, 131; **8**/41, 65, 69, 71; **9**/26, 92, 147; **10**/98, 108, 118

ILMAR GALVÃO 1/46, 60, 68, 76, 77; **2**/31, 34, 90; **3**/29; **4**/31, 37, 49, 59, 148, 175; **5**/29, 127, 142; **6**/20, 53, 60, 112, 160, 177, 181, 196, 198; **7**/22.137

JOAQUIM BARBOSA 7/57; **8**/44, 51, 72, 85; **9**/17, 98, 130, 142; **10**/32, 35, 40, 75, 103, 151

MARCO AURÉLIO 1/115; **2**/15, 23, 36, 40, 45, 48, 51, 64, 79, 81, 86, 92, 93, 96, 102, 106, 111, 125, 132, 139, 150, 164; **3**/15, 20, 26, 30, 35, 38, 40, 43, 46, 50, 56, 67, 71, 74, 81, 90, 94, 104, 105, 107, 110, 112, 114, 121, 125; **4**/28, 69, 74, 80, 87, 91, 96, 100, 106, 124, 129, 136, 139, 167, 173; **5**/37, 44, 51, 58, 59, 60, 64, 79, 82, 95, 122, 123, 143; **6**/69, 108, 133, 214; **7**/28, 40, 45, 71, 80, 94, 103, 113, 177; **8**/28, 44, 72, 76, 155, 164; **9**/18, 67, 70, 71, 118, 146; **10**/36, 69, 84

MAURÍCIO CORRÊA 1/36; **2**/120; **3**/53, 63, 131, 132; **4**/43, 78, 109, 179; **5**/25, 72, 76, 78, 158; **6**/22, 67, 82, 114, 148, 197; **7**/34, 39, 41, 69, 90, 105, 126, 174, 181; **9**/154

MOREIRA ALVES 2/, 32, 34, 123, 163; **3**/64, 76, 113; **4**/13, 17, 18, 19, 33, 34, 108; **5**/35, 125, 130, 153; **6**/19, 25, 41, 49

NELSON JOBIM 4/51, 52, 58, 60, 163; **5**/40, 58, 195; **7**/60, 61, 93, 128; **8**/22, 67, 92; **9**/94; **10**/139

NÉRI DA SILVEIRA 1/17, 41, 85; **2**/55, 109, 130, 160; **3**/24, 79, 82, 103, 117, 127; **4**/47, 72, 85, 132; **5**/30, 44, 47, 93, 118, 135, 147, 163; **6**/70, 86, 134, 189

OCTAVIO GALLOTTI 1/59, 74; **2**/33, 77, 95, 98; **3**/130; **4**/32, 35, 50, 105; **5**/194

PAULO BROSSARD 1/52

RICARDO LEWANDOWSKY 10/96, 141

SEPÚLVEDA PERTENCE 1/72, 80; **2**/24, 124, 149, 165; **3**/13, 18, 66, 75, 101, 114, 115; **4**/36, 46, 71, 110, 165, 170, 177; **5**/23, 54, 77, 120; **6**/59, 109, 115, 194; **7**/26, 56, 85, 87, 98, 182; **8**/33, 75, 85, 87, 109; **9**/20, 28, 38, 58, 75, 88, 91, 105, 106, 137; **10**/19, 60, 68, 110, 133, 146

SYDNEY SANCHES 1/40, 100; **3**/75, 77, 88, 129; **4**/44, 142, 171; **5**/ 42, 56, 113, 128; **7**/46, 132, 139

ÍNDICE TEMÁTICO

VOLUMES 1 a 9

(o primeiro número corresponde ao volume e o segundo
à página inicial do julgado)

Ação Civil Pública, **3**/74, **7**/43, **8**/65, **9**/95

Ação Coletiva. Órgão de jurisdição nacional, **6**/41
Ação de Cumprimento
Competência da Justiça do Trabalho. Contribuições, **1**/79
Incompetência da Justiça do Trabalho. Litígio entre sindicato e empresa, anterior à Lei n. 8.984/95, **1**/80

Ação Rescisória
Ação de cumprimento de sentença normativa, **7**/51
Autenticação de peças, **9**/38
Indeferimento de liminar para suspender execução, **4**/69
Medida cautelar. Planos econômicos, **3**/90
URP. Descabimento, **5**/51

Acesso à Justiça
Celeridade, **9**/45
Gratuidade, **10**/
Presunção de miserabilidade, **2**/101
Acidente do trabalho
Competência, **7**/56, **8**/39, **9**/40, **9**/53, **9**/55
Responsabilidade do empregador, **6**/187
Rurícola, **6**/188
Seguro, **7**/131

Adicional de insalubridade
Aposentadoria. Tempo de serviço, **7**/134
Base de cálculo, **2**/15, **3**/13, **7**/17, **10**/19
Caracterização, **6**/17
Vinculação ou não ao salário mínimo, **4**/13, **6**/18, **7**/17
Adicional de periculosidade
Fixação do *quantum*. Inexistência de matéria constitucional, **3**/15
Percepção. Inexistência de matéria constitucional, **4**/15

ADIn
Agências reguladoras. Pessoal celetista, **5**/95
Aprovação em concurso público, **9**/76
Ascensão funcional, **9**/79
Associação. Ilegitimidade ativa, **5**/163, **9**/25
Auxílio doença, **9**/17
Confederação. Legitimidade, **3**/35 **5**/163
Conselho Nacional de Justiça, **9**/83
Conselho Superior do Ministério Público, **9**/88
Efeito vinculante, **8**/61
Emenda Constitucional, **4**/163, **4**/164, **9**/83
Entidade de 3º grau. Comprovação, **6**/49
Estatuto da Advocacia, **9**/154
Federação. Legitimidade, **3**/36
Férias coletivas, **9**/93
Licença maternidade. Valor, **7**/132
Normas coletivas. Lei estadual, **10**/59
Omissão legislativa, **5**/170
Parcela autônoma de equivalência, **5**/187
Perda de objeto, **7**/41
Propositura, **3**/35
Provimento n. **5**/99 da CGJT. Juiz Classista. Retroatividade, EC 24/99, **7**/93
Reedição. Aditamento à inicial, **3**/125
Salário mínimo. Omissão parcial. Valor, **7**/19
Servidor público, **9**/94
Superveniência de novo texto constitucional, **4**/167
Trabalho Temporário, **9**/111

Adolescente. Trabalho educativo, **2**/21

ADPF, **8**/155

Advocacia, **7**/174
Revista pessoal em Advogado, **8**/41
Estatuto da, **9**/154

Agravo de Instrumento
Autenticação, **3**/71, **8**/43
Formação, **2**/102, **8**/43
Inviabilidade de recurso extraordinário, **5**/54
Petição Apócrifa, **8**/42

Agravo Regimental, **7**/53

Anencefalia, **8**/155

Antecipação de Tutela. Competência, **7**/54

Aposentadoria, **1**/46
Adicional de insalubridade, **7**/134
Aposentadoria Voluntária, **8**/114, **10**/23
Auxílio alimentação, **3**/130, **5**/143, **6**/192
Continuidade da relação de emprego, **2**/31, **7**/22, **9**/137, **9**/142
Estágio Probatório, **8**/110
Férias, **6**/194
Férias não gozadas. Indenização indevida, **3**/127
Férias proporcionais, **8**/109
Funrural, **9**/146
Gratificação de Natal, **5**/135
Inativos, **8**/121
Juiz classista, **2**/34, **6**/196, **7**/137
Magistrado, **9**/90, **9**/91
Proventos, **5**/142
Servidor de Embaixada do Brasil no exterior, **10**/167
Tempo de serviço. Arredondamento, **6**/197
Trabalhador rural, **2**/33, **7**/136, **9**/146, **9**/147
Vale-alimentação, **5**/143
V. Benefícios previdenciários. Previdência social

Arbitragem, **4**/169

Assinatura digitalizada, **6**/211, **10**/90

Assistência Social, **5**/147

Associação. Liberdade, **7**/182

Autenticação de peças, **2**/104, **4**/91

Auxílio doença, **9**/17

Avulso
Competência, **9**/43
Reintegração, **2**/36

Benefícios previdenciários
Conversão, **5**/152
Correção, **5**/155
Marido. Igualdade, **5**/156
Vinculação ao salário mínimo, **6**/198
V. Aposentadoria e contrato de trabalho. Previdência Social

Cartórios
Adicional por tempo de serviço, **9**/75
Concurso público, **9**/75

CIPA
Suplente. Estabilidade, **2**/40

Competência
Ação civil pública. Servidor público, **9**/95
Ação civil pública. Meio ambiente do trabalho, **3**/74
Acidente do Trabalho, **7**/56, **9**/40, **9**/53, **9**/55
Avulso, **9**/56
Complementação de aposentadoria, **10**/98
Danos morais e materiais, **7**/57, **9**/53, **9**/55, **9**/56
Demissão, **9**/105
Descontos indevidos, **3**/75
Descontos previdenciários, **3**/75, **5**/57
Direitos trabalhistas. Doença profissional, **6**/102
Duplicidade de ações, **8**/48
Empregado público federal, **7**/58
Falência, **6**/119
Gatilho salarial. Servidor celetista, **6**/108
Greve de servidor público, **9**/110
Habeas corpus, **6**/121, **9**/58
Indenização por acidente de trabalho, **5**/58
Juiz de Direito investido de jurisdição trabalhista, **6**/109, **8**/51
Justiça do Trabalho, **2**/108, **3**/74, **4**/71, **10**/60, **10**/98
Justiça Federal, **5**/56
Justiça Estadual comum. Servidor estadual estatutário, **3**/79
Legislativa. Direito do Trabalho, **3**/81
Matéria trabalhista, **7**/56
Mudança de regime, **6**/112
Relação jurídica regida pela CLT, **5**/59
Residual, **5**/56, **6**/91
Revisão de enquadramento, **6**/114
Segurança, higiene e saúde do trabalhador, **9**/71
Sentença estrangeira, **9**/156
Servidor estadual celetista, **3**/76, **4**/71, **8**/45
Servidor público. Emenda n. 45/2004, **9**/94, **10**/95
Servidor público federal. Anterioridade à Lei n. 8112/90, **4**/72
Servidor temporário. Incompetência, **3**/76
TST e Juiz estadual, **10**/92

Concurso Público
Aprovação. Direito à nomeação, **9**/78
Ascenção funcional, **9**/79
Cartório, **9**/75
Direito à convocação, **3**/103

Edital, **9**/78
Emprego público, **4**/129
Escolaridade, **8**/85
Exigência de altura mínima, **3**/104, **5**/117
Inexistência. Reconhecimento de vínculo, **3**/104
Isonomia, **9**/81
Investidura em serviço público, **4**/131
Limite de idade, **3**/107, **9**/80
Necessidade para professor titular, **3**/110
Preterição, **5**/118
Sociedade de economia mista. Acumulação de cargo público, **5**/93
Suspensão indeferida, **7**/94
Triênio, **9**/116, **9**/118, **9**/122, **9**/124, **9**/126. **9**/130, **9**/132
V. Servidor público

Conselho Nacional de Justiça, **9**/83

Conselho Nacional do Ministério Público, 9/88

Contribuição fiscal, **4**/73

Contribuição social, **5**/158, **6**/200
V. Receita sindical

Contribuições previdenciárias, **4**/73

Convenção n. 158/OIT, **1**/31, **2**/59, **5**/15, **7**/34, **8**/17
V. Tratados Internacionais

Crime de desobediência, 9/70

Dano moral, **2**/44, **4**/33
Acidente do trabalho, **9**/53
Base de cálculo, **9**/18, **9**/23
Competência. Justa causa, **9**/53
Competência Justiça do Trabalho, **9**/53
Competência. Justiça Estadual, **9**/55
Fixação do *quantum*, **10**/32
Indenização. Descabimento, **3**/20

Deficiente
V. Portador de necessidades especiais

Depósito infiel, **4**/77, **6**/212

Detetive Particular
Anotação na CTPS. Mandado de Injunção. Descabimento, **7**/23

Direito à vida, **5**/192

Direito Processual, **2**/99, **3**/69, **4**/67, **5**/49, **6**/89, **7**/49, **8**/37, **9**/33
Celeridade, **9**/45
Prescrição. Períodos descontínuos, **3**/88
Rescisória. Medida cautelar. Planos econômicos, **3**/90

Direitos Coletivos, **1**/47, **2**/67, **3**/33, **4**/39, **5**/33, **6**/39, **7**/37, **8**/31, **9**/23
Confederação. Desmembramento, **4**/49
Desmembramento de sindicato. Alcance do art. 8º, II, da CR/88, **3**/64
Desmembramento de sindicato. Condições, **3**/65
Federação. Desmembramento, **4**/50
Liberdade sindical, **1**/49, **3**/64, **4**/49
Registro sindical, **1**/49, **6**/82
Sindicato e associação. Unicidade sindical, **3**/67
Sindicato. Desmembramento, **4**/51
Superposição, **4**/57
Unicidade sindical, 1, 52, **2**/92, **3**/67

Direitos Individuais, **1**/15, **2**/13, **3**/11, **4**/11, **5**/13, **6**/15, **7**/15, **8**/15, **9**/15

Dirigente Sindical
Dirigentes de sindicatos de trabalhadores. Garantia de emprego, **4**/41, **10**/64
Estabilidade. Sindicato patronal, **4**/43
Estabilidade sindical. Registro no MTE, **10**/68
Garantia de emprego. Comunicação ao empregador, 3, 38
Limitação de número, **3**/38
Membro de Conselho Fiscal. Estabilidade, **7**/26

Dissídio Coletivo
Autonomia privada coletiva. Representatividade, **4**/44
Convenção Coletiva. Política Salarial, **7**/40, **9**/26
Desnecessidade de negociação. *Quorum*, **3**/43
Dissídio coletivo de natureza jurídica. Admissibilidade, **3**/40
Entidade de 3º grau. Necessidade de comprovação de possuir legitimidade para propositura de ADIn, **6**/49
Legitimidade do Ministério Público, **3**/46
Negociação coletiva. Reposição do poder aquisitivo, **6**/69, **9**/26
Negociação prévia. Indispensabilidade, **4**/46
Quorum real, **4**/47

Discriminação, **7**/176

Dívida de jogo, **6**/214

Embargos de declaração
Prequestionamento. Honorários, **3**/86

Emenda Constitucional n. 45/2004, **9**/43, **9**/45, **9**/53, **9**/58, **9**/83, **9**/88, **9**/93, **9**/94, **9**/98, **9**/102, **9**/116, **9**/120, **9**/122, **9**/124, **9**/126, **9**/130, **9**/132, **9**/156, **10**/60, **10**/95, **10**/115

Engenheiro
Inexistência de acumulação, **6**/19
Piso salarial, **6**/20

Entidade de classe. Legitimidade, **9**/33

Estabilidade
Alcance da Convenção n. 158/OIT. Decisão em liminar, **1**/31, **2**/59, **5**/15
Cargo de confiança. Art. 41, § 1º, da CR/88, e 19, do ADCT, **1**/37, **6**/54
Dirigente de associação, **6**/53
Extinção do regime, **5**/25
Gestante, **4**/28, **6**/26, **8**/19, **10**/35
Membro de Conselho Fiscal de Sindicato, **7**/26
Servidor de sociedade de economia mista. Art. 173, I, da CR/88, **1**/37, **3**/113, **10**/35
Servidor não concursado, **10**/37
Servidor público, **3**/112, **7**/126
Suplente de CIPA. Art. 10, II, *a*, do ADCT, **1**/32, **2**/40, **3**/18

Estagiário, **2**/137

Execução
Custas executivas, **3**/82
Execução. Cédula industrial. Penhora Despacho em R. E., **1**/104, **2**/111
Impenhorabilidade de bens da ECT. Necessidade de precatório. Despachos em recursos extraordinários, **1**/106, **4**/87, **5**/60, **6**/115, **7**/60
Ofensa indireta à Constituição. Descabimento de recurso extraordinário, **6**/117, **8**/76

Exceção de Suspeição, **7**/61

Falência. Execução trabalhista. Competência do TRF, **6**/119

Falta grave
Estabilidade. Opção pelo FGTS. Desnecessidade de apuração de falta greve para a dispensa, **3**/24
Garantia de emprego. Necessidade de apuração de falta grave, **3**/26

Fax
Recurso por *fax*, **1**/114

Férias, **6**/22, **9**/93

FGTS
Atualização de contas, **7**/28
Correção monetária. Planos econômicos, **4**/17

Fiador, **9**/151

Gestante
Controle por prazo determinado, **8**/20
V. Licença maternidade

Gratificação de Natal
Incidência da contribuição previdenciária, **2**/48

Gratificação de produtividade, **6**/25

Gratificação pós-férias, **10**/39

Gratuidade, **10**/102

Greve
Abusividade, 2, 78, **3**/50
ADIn. Perda de objeto, **7**/41
Atividade essencial. Ausência de negociação, **2**/81
Multa, **2**/84, **5**/40
Ofensa reflexa, **5**/39
Mandado de injunção, **7**/41
Servidor Público, **2**/90, **6**/59, **7**/41, **9**/110, **10**/69

Habeas corpus, **4**/77, **6**/121, **9**/58

Habeas data, **5**/194

Homossexual, **7**/177, **10**/186

Imunidade de jurisdição, **1**/40, **6**/123, **7**/67, **8**/58

INFRAERO, **8**/22

IPC de março/90. Incidência. Poupança, **5**/195

Julgamento. Paridade, **7**/90

Juros. Taxa de 12%, **3**/121, **4**/71, **9**/60

Juiz Classista, **7**/93, **7**/105, **7**/137

Justiça do Trabalho
Competência, **2**/108, **3**/74, **4**/71, **9**/53, **9**/58, **9**/71
Composição, **4**/80
Desmembramento, **4**/85
Estrutura, **4**/80
Lista de antiguidade, **7**/106
Presidente de TRT, **5**/197
V. Poder normativo da Justiça do Trabalho

Legitimidade
Central sindical, **5**/35
Confederação sindical, **4**/59
Entidade de classe, **9**/25
Sindicato. Legitimidade ativa, **4**/60, **7**/45

Liberdade Sindical, **1**/49
Desmembramento de sindicato. Alcance do Art. 8º, II, da CR/88, **3**/64, **3**/65, **4**/49, **4**/50, **4**/51, **4**/57, **6**/67, **9**/30
V. Unicidade sindical

Licença-maternidade, **2**/50
Acordo coletivo, **5**/23
Fonte de custeio, **4**/31
Gestante. Estabilidade. Ausência de conhecimento do estado gravídico. Comunicação, **4**/28, **6**/26, **8**/19
Horas extras, **6**/30
Mãe adotiva, **4**/32, **6**/32
Valor, **7**/132

Litigância de má-fé, **5**/63

Magistrado
Abono variável, **10**/118
Adicional por tempo de serviço, **7**/108, **10**/129
Aposentadoria. Penalidade, **9**/90
Aposentadoria. Tempo de serviço, **9**/91
Afastamento eventual da Comarca, **8**/89
Docente. Inexistência de acumulação, **8**/90, **9**/92
Férias coletivas, **9**/93
Parcela autonoma de equivalência, **7**/109
Promoção por merecimento, **8**/99
Reajuste de vencimentos, **8**/103
Redução de proventos, **10**/133
Responsabilidade civil, **7**/122
Tempo de serviço, **9**/91
Triênio, **9**/116, **9**/118, **9**/120, **9**/122, **9**/124, **9**/126, **9**/130, **9**/132

Mandato de injunção coletivo. Legitimidade, **6**/133

Mandado de segurança coletivo, **8**/77

Médico. Jornada de trabalho, **8**/104

Medidas Provisórias
ADIn. Reedição. Aditamento à inicial, **3**/125
Reedição de Medida Provisória, **2**/165
Relevância e urgência, **3**/124

Meio ambiente, **10**/182

Ministério Público
Filiação partidária, **10**/139
Interesse coletivo, **6**/134
Interesses individuais homogêneos, **7**/43
Legitimidade. Ação coletiva, **10**/103
Legitimidade. Contribuição Assistencial, **8**/33

Negativa de prestação jurisdicional. Ausência, **5**/70

Negociação coletiva. Reposição de poder aquisitivo, **6**/69, **7**/40, **9**/26
V. Dissídio coletivo

Norma Coletiva
Alcance, **2**/69
Política salarial, **7**/40
Prevalência sobre lei, **5**/37
Reajuste, **3**/53

Ordem dos Advogados, **10**/141

Organização internacional
Imunidade de execução, **10**/104

Pacto de São José da Costa Rica, **7**/183
V. Tratados Internacionais

Planos Econômicos
FGTS. Correção monetária, **4**/17
Rescisória. Medida cautelar, **3**/90
Violação ao art. 5º, II, da CR/88, **1**/17

Portador de necessidades especiais, **6**/35

Poder Normativo da Justiça do Trabalho, **6**/70
Cláusulas exorbitantes, **10**/71
Concessão de estabilidade, **1**/76

Conquistas, **1**/77
Limitações, **1**/74
V. Justiça do Trabalho

Policial militar. Relação de emprego, 9/20

Precatório, **1**/106, **2**/112, **4**/87, **4**/96, **5**/60, **5**/72, **6**/145, **7**/60, **7**/169, **9**/62
Art. 100, § 3º, da Constituição, **6**/145
Autarquia, **9**/62
Correção de cálculos, **8**/67
Crédito trabalhista. Impossibilidade de seqüestro, **5**/72
Instrução normativa n. 11/97-TST. ADIn, **5**/75, **7**/69
Obrigação de pequeno valor. Desnecessidade de expedição, **5**/77, **7**/71, **9**/63
Juros de Mora. Atualização, **8**/68
Juros de mora. Não incidência, **7**/80
Seqüestro, **6**/147, **6**/148, **7**/74, **8**/69, **8**/71, **8**/72, **9**/65

Preposto, **7**/85

Prequestionamento, **2**/123, **5**/79, **6**/157, **7**/87

Prescrição
Efeitos, **7**/88
Extinção do contrato de trabalho, **6**/158
Ministério Público. Argüição, **4**/100
Mudança de regime, **4**/136
Períodos descontínuos, **3**/88
Regra geral, **6**/160, **10**/108
Trabalhador rural, **4**/102

Prestação jurisdicional, **2**/125

Previdência Social, **3**/127, **4**/173, **5**/135, **6**/185, **7**/129, **9**/135
Aposentadoria. Complementação. Petrobrás, **4**/173
Aposentadoria. Férias não gozadas. Indenização indevida, **3**/127
Aposentadoria voluntária, **8**/114
Assistência Social, **5**/147
Auxílio alimentação. Extensão a aposentados, **3**/130, **5**/143
Cálculo de benefícios, **7**/139
Benefícios. Impossibilidade de revisão, **3**/128, **4**/175, **5**/152
Contribuição. Aposentados e pensionistas, **4**/177, **5**/158, **8**/121
Direito adquirido. Aposentadoria. Valor dos proventos, **4**/178
Gratificação de Natal, **5**/135
Trabalhador rural. Pensão por morte, **3**/130
V. Aposentadoria e contrato de trabalho. Benefícios previdenciários

Prisão Civil, **7**/183

Providências exclusivas. Pedido esdrúxulo, **6**/226

Procedimento sumaríssimo, **4**/104

Procuração *apud acta*, **4**/106

Reajuste salarial. Inexistência de direito adquirido, **3**/29

Receita sindical
Cobrança de não filiados, **3**/59, **6**/82
Contribuição assistencial. Despacho em recurso extraordinário, **1**/69, **3**/56, **5**/42, **5**/44
Contribuição assistencial. Matéria infra constitucional, **8**/33
Contribuição assistencial. Não associados, **9**/28
Contribuição assistencial patronal, **10**/60
Contribuição confederativa aplicável para urbanos, **1**/67
Contribuição confederativa. Não associados, **7**/39
Contribuição confederativa para associados, **1**/66, **6**/82
Contribuição confederativa programática para rurais, **1**/68, **6**/83
Contribuição confederativa. Auto-aplicabilidade, **2**/95, **2**/96
Contribuição sindical para servidores públicos, **1**/72
Contribuição sindical patronal. Empresas escritas no *Simples*, **3**/62
Contribuição sindical rural, **5**/44, **6**/85
Contribuição social, **5**/158

Recurso administrativo em DRT. Multa, **3**/132, **4**/179

Recurso de revista
Cabimento, **8**/75
Pressupostos de admissibilidade, **5**/86

Recurso extraordinário
Cabimento, **2**/130, **4**/108
Descabimento, **4**/109, **6**/162, **9**/67, **9**/68
Decisão de Tribunal Regional, **9**/68
Decisão interlocutória, **9**/67
Prequestionamento, **4**/109
Violação do contraditório, **4**/122

Recurso impróprio, **8**/76

Registro público, **9**/70

Registro sindical, **1**/49, **8**/35

Repouso semanal remunerado
Alcance do advérbio *preferentemente*. ADIn do art 6º da M. P. n. 1.539-35/97. Art. 7º, XV, da CR/88, **1**/29

Responsabilidade do Estado, **8**/164

Responsabilidade subsidiária, **7**/89

Salário mínimo, **2**/55, **3**/11
ADIn. Omissão parcial. Valor, **7**/19
Dano moral. Indenização, **4**/33
Multa administrativa. Vinculação, **4**/34
Pensão especial. Vinculação, **4**/35
Salário mínimo de referência, **5**/29
Salário profissional. Vedação. Critério discricionário. Aplicação da LICC, **4**/36
Vencimento, **5**/130
Vencimento básico. Vinculação, **4**/37

Segurança, higiene e saúde do trabalhador, **9**/100

Segurança pública, **8**/164

Sentença estrangeira, **9**/156

Serviço público
V. Servidor público. Concurso público

Servidor público
Acumulação de vencimentos, **6**/167, **10**/151
Admissão antes da CR/88, **2**/139
Admissão no serviço público, Art. 37, II da CR/88. Despachos em recursos extraordinários. ADIMC da Medida Provisória n. 1.554/96, **1**/91
Admissão sem concurso, **9**/35
Agências reguladoras. Pessoal celetista. ADIn, **5**/95
Anistia, **2**/153, **2**/155
Anuênio e Licença Prêmio, **3**/101
Art. 19 do ADCT, **2**/163, **8**/88
Ascensão funcional, **9**/79
Competência da Justiça do Trabalho, **4**/71, **4**/72
Competência da Justiça Federal, **9**/94
Concurso Público, **2**/148, **3**/103, **6**/170, **7**/94, **8**/85
Contratações e dispensas simultâneas, **3**/112
Contraditório, **10**/
Contribuição social, **5**/158
Demissão, **9**/105
Desvio de função, **5**/122, **9**/106
Engenheiro florestal. Isonomia. Vencimento básico. Equivalência ao salário mínimo, **6**/171
Estabilidade independentemente de opção pelo FGTS, **3**/112, **3**/113
Estabilidade. Emprego público. Inexistência, **8**/87

Estabilidade. Matéria fática, **7**/126
Estabilidade sindical, **5**/123, **10**/68
Exame psicotécnico. Exigência, **6**/176
Gratificação, **9**/109
Greve, **1**/86, **2**/90, **6**/59, **7**/41, **9**/110
Idade, **9**/80
Incompetência da Justiça do Trabalho. Art. 114, da CR/88, **1**/101, **7**/156
Inativos, **7**/103, **7**/118
Inexistência de efetividade no cargo, **3**/114
Isonomia, **9**/81
Médico, **8**/104
Mudança de regime, **4**/136, **5**/125, **10**/140
Nomeação, **9**/78
Ocupante de cargo em comissão, **3**/115
P.I.P.Q., **7**/118
Prestação de serviço. Administração Pública. Art. 19 do ADCT, **4**/139
Promoção, **10**/146
Quintos e décimos, **10**/154
Reajuste de vencimentos de servidores públicos. Art. 39, § 1º, da CR/88, **1**/85
Reajuste por ato administrativo, **7**/120
Reajuste salarial, **10**/159
Reserva legal, **5**/127, **9**/112
Responsabilidade civil do Estado, **6**/177
Serventuário de Cartório, **4**/142, **9**/75
Servidor municipal celetista. Aplicação do art. 41 da CR/88, **3**/115
Servidor temporário, **7**/128, **9**/111
Sociedade de economia mista. Acumulação de cargo público, **4**/144, **5**/128
Tempo de serviço, **6**/178
Tempo de serviço. Adicional por tempo de serviço. Atividade Privada, **2**/160
Tempo de serviço rural, **7**/136
Temporário, **9**/111
URV, **4**/146
Vantagem *sexta-feira*, **6**/181
Vencimentos de magistrados, **6**/183
V. Concurso público

Sindicato
Legitimidade. Relação jurídica. Integração profissional, **7**/45
Limite de servidores eleitos, **7**/45
Representatividade, **9**/30

Serviços a terceiros, **5**/47
V. Liberdade sindical. Unicidade sindical

Subsídios, **7**/98

Substituição Processual
Alcance, **1**/55, **7**/46, **10**/75
Desnecessidade de autorização, **1**/62
Empregados de empresa pública, **1**/64
Legitimidade, **2**/98, **7**/46
Servidores do Banco Central do Brasil, **1**/65

SÚMULAS DO STF, **7**/143

Sustentação oral, **6**/164, **7**/53

Testemunha litigante, **2**/131, **3**/94, **4**/124

Trabalhador rural
Contribuição, **9**/146
Funrural, **9**/146
Menor de 14 anos, **9**/147
Tempo de serviço, **9**/147

Trabalho forçado, **10**/40

Tratados Internacionais
Competência para denunciar, **7**/34
Hierarquia, **2**/59
V. Convenção n. 15**8**/OIT
V. Pacto de São José da Costa Rica

Tributação, **10**/171

Triênio de atividade jurídica
Liminar concedida, **9**/116
Liminar negada, **9**/120

Turnos ininterruptos de revezamento
Intervalo. Art. 7º, XIV, da CR/88, **1**/23, **2**/64, **3**/30, **5**/30, **6**/38, **8**/26

Unicidade sindical. **1**/52, **2**/92, **3**/67, **10**/76, **10**/84
V. Liberdade sindical

U.R.V., **4**/146

Vale refeição
Reajuste mensal, **8**/28
V. Previdência social. Auxílio alimentação

Violação ao art. 5º, n. II, CR/88, **1**/17

Produção Gráfica e Editoração Eletrônica: **LINOTEC**
Capa: **ELIANA C. COSTA**
Impressão: **HR GRÁFICA E EDITORA**